本作品受"广州市宣传文化出版资金"资助

 21世纪海上丝绸之路与广东发展研究丛书

21世纪海上丝绸之路与广州

郭 凡 蔡国萱 ○ 主编

·广州·

版权所有　翻印必究

图书在版编目（CIP）数据

21世纪海上丝绸之路与广州/郭凡，蔡国萱主编．—广州：中山大学出版社，2015.10
ISBN 978－7－306－05455－5

Ⅰ．①2… Ⅱ．①郭… ②蔡… Ⅲ．①海上运输—丝绸之路—研究—21世纪 ②区域经济发展—研究—广州市　Ⅳ．①K203－53 ②F127.651－53

中国版本图书馆CIP数据核字（2015）第224702号

出 版 人：	徐　劲
策划编辑：	周建华　金继伟
责任编辑：	杨文泉
封面设计：	林绵华
责任校对：	王　璞　王　琦
责任技编：	何雅涛
出版发行：	中山大学出版社
电　　话：	编辑部 020－84110771，84110283，84111996，84110779
	发行部 020－84111998，84111981，84111160
地　　址：	广州市新港西路135号
邮　　编：	510275　　　传　真：020－84036565
网　　址：	http://www.zsup.com.cn　　E-mail:zdcbs@mail.sysu.edu.cn
印 刷 者：	广州家联印刷有限公司
规　　格：	787mm×1092mm　1/16　11.5印张　200千字
版次印次：	2015年10月第1版　2015年10月第1次印刷
定　　价：	35.00元

如发现本书因印装质量影响阅读，请与出版社发行部联系调换

目　　录

第一章　导论 / 1
　　一、21世纪海上丝绸之路的新特点 / 2
　　二、广州建设21世纪海上丝绸之路的重要意义 / 6

第二章　广州参与21世纪海上丝绸之路建设的战略研究 / 13
　　一、广州参与21世纪海上丝绸之路建设的基础条件 / 13
　　二、广州21世纪海上丝绸之路建设的优劣势分析 / 20
　　三、广州在21世纪海上丝绸之路建设的战略定位 / 28
　　四、广州21世纪海上丝绸之路建设的战略重点 / 34
　　五、广州21世纪海上丝绸之路建设的对策建议 / 45

第三章　21世纪海上丝绸之路与广州文化对外开放研究 / 54
　　一、广州建设21世纪海上丝绸之路文化对外开放新枢纽的背景情况 / 55
　　二、广州建设21世纪海上丝绸之路文化对外开放新枢纽的优势条件 / 57
　　三、广州建设21世纪海上丝绸之路文化对外开放新枢纽的发展基础 / 59
　　四、广州建设21世纪海上丝绸之路文化对外开放新枢纽面临的问题 / 62
　　五、广州建设21世纪海上丝绸之路文化对外开放新枢纽的总体思路
　　　　与发展路径 / 65
　　六、广州建设21世纪海上丝绸之路文化对外开放新枢纽的战略重点 / 69
　　七、广州建设21世纪海上丝绸之路文化对外开放新枢纽的对策措施 / 79

第四章　21世纪海上丝绸之路建设中的广州文化产业"走出去"研究 / 83
　　一、建设21世纪海上丝绸之路与文化产业"走出去" / 83
　　二、21世纪海上丝绸之路背景下广州文化产业"走出去"的战略分析 / 86
　　三、21世纪海上丝绸之路背景下广州文化产业"走出去"的总体思路 / 94
　　四、推动广州文化产业"走出去"的对策建议 / 97

第五章　建设21世纪海上丝绸之路与广州企业"走出去"战略研究 / 107
　　一、21世纪海上丝绸之路建设的时代背景与战略内涵 / 107
　　二、21世纪海上丝绸之路沿线区域投资环境分析 / 110
　　三、广州企业"走出去"的现状、特点及问题分析 / 114
　　四、21世纪海上丝绸之路建设背景下，广州加快实施企业
　　　　"走出去"战略的机遇与条件 / 119
　　五、加快实施企业"走出去"战略的途径 / 122
　　六、广州加快实施企业"走出去"战略的政策建议 / 129

第六章　深化广州与东盟各国科技合作的思路与对策 / 131
　　一、深化广州与东盟各国科技合作的意义 / 131
　　二、东盟科技发展现状 / 132
　　三、深化广州与东盟科技合作的基础 / 134
　　四、广州与东盟各国科技合作现状 / 136
　　五、深化广州与东盟科技合作的思路及对策 / 138

第七章　21世纪海上丝绸之路背景下南沙新区发展高端航运服务业研究 / 141
　　一、发展基础 / 142
　　二、南沙新区发展高端航运服务业的瓶颈制约 / 145
　　三、南沙新区发展高端航运服务业的战略思路 / 147
　　四、南沙新区发展高端航运服务业的对策思考 / 153

第八章　广州发挥华侨华人优势助力 21 世纪海上丝绸之路建设／156
　　一、历史传统：华侨华人与海上丝绸之路／156
　　二、广州助推华侨华人建设 21 世纪海上丝绸之路的优势／161
　　三、广州华侨华人助力 21 世纪海上丝绸之路建设的努力方向／164
　　四、广州发挥华侨华人优势助力 21 世纪海上丝绸之路建设的
　　　　政策建议／166

参考文献／173

后　　记／176

第一章 导 论

丝绸之路是中国古代同西方各个国家和地区之间的经济、政治、文化交流的交通路线网络，分为陆上丝绸之路和海上丝绸之路，从唐代中期以后，海上丝绸之路逐步取代陆上丝绸之路，成为中国对外贸易的主要通道，在宋元时期进一步成为东西方文化经济交流的重要载体。海上丝绸之路形成于秦汉时期，发展于三国隋朝时期，繁荣于唐宋时期，转变于明清时期，分为东南亚、南亚、西亚、东北非四个区段，是古代东西方之间的海上交通和贸易大动脉。

随着中国的崛起，在国际上发挥的作用日益增强，习近平主席分别提出建设"丝绸之路经济带"和"21世纪海上丝绸之路"（简称"一带一路"）的战略构想。2013年9月7日上午，中国国家主席习近平在哈萨克斯坦纳扎尔巴耶夫大学作演讲，提出共同建设"丝绸之路经济带"。2013年10月，习近平主席在出访东盟国家时提出，"东南亚地区自古以来就是'海上丝绸之路'的重要枢纽，中国愿与东盟国家加强海上合作，使用好中国政府设立的中国—东盟海上合作基金，发展好海洋合作伙伴关系，共同建设21世纪'海上丝绸之路'"。随后，在2013年11月举行的十八届三中全会上审议通过的《中共中央关于全面深化改革若干重大问题的决定》中提出，"建立开发性金融机构，加快同周边国家和区域基础设施互联互通建设，推进丝绸之路经济带、海上丝绸之路建设，形成全方位开放新格局"，"一带一路"成为我国建设"开放型经济体系"的重要内容。2015年3月，《推动共建丝绸之路经济带和21世纪海上丝绸之路的愿景与行动》正式在博鳌亚洲论坛上发布，"一带一路"进入全面建设实施的新阶段。

21世纪海上丝绸之路的提出是国家站在历史高度、据全球形势深刻变化，统筹国内国际两个大局做出的重大战略决策，对开创全方位对外开放新格局，推进中华民族伟大复兴进程，促进世界和平发展，均具有划时代的重大意义。从全球看，一是世界经济增长格局出现彼消此长的新变化，以中国为代表的新兴经济体成为世界经济增长新引擎，中国正走向世界舞台的中心，在重塑全球经济治理结构中有了更大的发言权，也将承担更多的责任。二是国际贸易投资领域出现了竞争加剧的新趋势。超大区域贸易协定将成为国际贸易投资自由化的主要形式，美国主导推进的跨太平洋伙伴关系协议（TPP）和跨大西洋贸易与投资伙伴协议（TTIP）对我国构成现实压力，迫切要求我们另辟捷径，积极作为，加快推进双边贸易、多边贸易投资自由化，增强我国在世界贸易规则制定中的主动权。三是全球能源版图出现重心转移的新调整。美国实现页岩气革命，对中东油气资源依赖程度明显下降，减轻了其对全球能源格局及地缘政治主动施加影响的后顾之忧。这意味着，我国在增加能源供给渠道的同时，也相应增加了风险，要求我们重构海陆能源通道，提升国家能源安全水平。

从国内看，我国已成为世界第二大经济体、第一大贸易国和第一大外汇储备国，正在加速向现代化强国迈进。过去30多年，对外开放始终是我国经济持续快速发展的重要动力，前20多年的增长得益于东部沿海地区的率先开放，近10年的增长得益于加入世界贸易组织（WTO）后的进一步开放。当前和今后一个时期，我国正在迎来全方位对外开放从"引进来"到"走出去"的重大转折，我国将在更大范围、更宽领域、更深层次上融入全球经济体系。我们要树立全球视野和战略思维，更加自觉地统筹国内国际两个大局，谋划全方位对外开放的大战略。

一、21世纪海上丝绸之路的新特点

21世纪海上丝绸之路，在传承古代海上丝绸之路和平友好、互利共赢价值理念的基础上，将注入了新的时代内涵，从合作层次、覆盖范围、合作方式、合作范畴、贸易方式、城市竞争等方面都呈现出新高度和新特点。

（一）合作层次：从自发形成到国家战略高度

古海上丝绸之路主要是依托沿海港口自发形成，各港口城市、地区依据各种资源禀赋和比较优势，自我发展形成各种特色。古海上丝绸之路遵循了基本的经济规律，它是人类社会生产力极其低下、市场要素严重缺乏下的"市场经济"的产物，其基本特征就是很少的政府参与和干预。而21世纪的丝绸之路是国家总揽政治、外交、经济社会发展全局作出的重大战略部署。因此，21世纪海上丝绸之路将上升到国家战略层面，由国家有计划、统一部署实施，其战略意义也不仅仅局限在实现国际贸易的扩大，还包含国家国际地位提升、政治、外交战略意图的实现，是一个高瞻远瞩的涉海国家战略，体现着国家的意志，承载着国家发展与和平外交的愿景和理念。由此可见，21世纪海上丝绸之路的合作层次更高，首先表现在其是国家战略层面的部署，中国与沿线各经济体将会在国家层面形成多领域、多元化、全方位的战略合作关系。其次，合作层次更高还表现在合作机制、方式和手段的层次上，如中国与沿线各国在各种经济合作机制、功能性合作机制，甚至是国际安全合作机制上寻求突破，积极寻求双边或多边的区域经济一体化组织、构筑贸易投资便利化、优惠贸易安排和自由贸易协定，等等。总之，与古海上丝绸之路相比，21世纪海上丝绸之路将在更高和更广阔的层面上进行合作。

（二）覆盖范围：从沿海岸线到立体网状辐射

古海上丝绸之路由于造船技术和航海技术比较落后的缘故，路线主要是沿着海岸线延伸，呈现多条曲线并存的地理路径格局。从中国沿海出发的贸易船只沿途经过南海地区的不同港口，沿途进行贸易和补给。直接贸易影响的区域也相对比较狭窄，限于沿海港口的周围地区，覆盖的空间有限。而21世纪新的海上丝绸之路的往来范围和关键节点与古海上丝绸之路有重大差别。由于世界经济一体化的深入、现代流通方式以及技术手段的不同，其路线和区域将大大扩展，并且更多地呈现出立体网状的空间新格局。

在新版图中，21世纪海上丝绸之路将可能分为两条，分别为西线和南线。西线与古海上丝绸之路传统的海上大通道一致，主要从中国沿海城市经过南海、东南亚、南亚到印度洋沿岸，再经过波斯湾、红海到地中海到欧洲，和陆上丝绸之路经济带（中国东部沿海经过新疆、中亚、西亚到欧洲）相呼应；这一条西线的线路还有可能从阿拉伯海直下印度洋，形成另一条分支，这条支线可能将沿着非洲大陆延伸，绕经南非，通往大西洋，联系拉美地区。南线是从我国沿海港口过南海、经印度尼西亚抵达南太平洋。由此，21世纪海上丝绸之路的战略走向与可能以东南亚和南亚为重点，东南亚和印度洋充当着战略枢纽和海上走廊的作用，这一点与古海上丝绸之路是相同的。

从覆盖的区域和空间来看，21世纪海上丝绸之路除了东南亚和南亚外，也联系了亚洲其他地区及欧洲、非洲、美洲、大洋洲等。相比之下，虽然两千年以来古海上丝绸之路也把亚洲、欧洲、非洲、美洲和大洋洲紧密联系在一起，但由于造船技术、航海技术、交通等因素，其辐射影响的区域大多仅限于沿海港口的周围地区，辐射空间有限，并呈线状分布。而21世纪海上丝绸之路的覆盖范围将由于世界经济一体化的深入、现代流通方式以及技术手段的不同，其辐射空间和区域将以沿线国家和地区为依托，呈现带状分布的特点，并且以沿海港口为支撑点，在局部地区呈现出片状、扇形等网络化的辐射空间。

（三）合作方式：从争夺霸占到命运利益共同体

古海上丝绸之路在初期较长的一段时间里都是以单向商品输出为主，具有较重的政治色彩，一定程度上损耗国力；而在后期又发展为某些资本主义国家的争夺资源和霸占市场，包括殖民活动方式和海上贸易垄断等。而21世纪海上丝绸之路的提出，是以和平发展、合作共赢为主题，积极推动沿线国家之间的经贸合作和文化交流，旨在共同打造政治互信、经济融合、文化包容的命运共同体和利益共同体。它的基础是丝绸之路沿线的国家和地区的对等合作，在维护地区稳定和发展的原则上实现互利共赢，而不是资源的争夺或市场的霸占。21世纪海上丝绸之路不是中国一家之事，而是各国共同的事业；不是中国一家的利益独享地带，而是各国的利益共享地带。中国期待借助21世纪海上丝绸之路促进本国与所在地区的经济繁荣，增进国与国之间理解、缓解分歧，这一点与沿岸其他国家的期待不谋而合。因此，"21世纪海上丝绸之路"提出后，尽管各个国家关于海上丝绸之路的理解、构想、出发点不完全一样，但也毫无妨碍各国积极参与21世纪海上丝绸之路的热情。由此可预见，与古海上丝绸之路相比，21世纪海上丝绸之路中参与合作的国家和地区将更多。

（四）合作范畴：从单一贸易到全产业链对接

历史上的丝绸之路主要是商品互通的单一贸易，而随着时代的进步，21世纪海上丝绸之路在合作范畴上与古海上丝绸之路呈现巨大的差异。一是从贸易内容上看，商品贸易品种具有鲜明的时代特征。一般而言，通过古海上丝绸之路而进行远距离交换的主要是奇珍异兽及奢侈品。而21世纪海上丝绸之路的商品贸易品类上更加多元化，既包括衣食住行等生活消费品，也包括资源类产品、机电产品、高科技技术产品等生产资料。另外，质量更高、经济附加值更大的服务贸易是21世纪海上丝绸之路重要的贸易内容，这是与古海上丝绸之路最大的区别之一。二是古丝绸主要是从商品贸易需要出发，以农商贸易为主，并且也仅仅是围绕商品贸易而发展形成一个简单的产业体系。而从单一的商品贸易进化为全方面的产业链对接是21世纪海上丝绸之路的最大特点，合作内容和范畴渗透整个产业分工体系，包括生产、经营、流通、销售等产业链的各个领域。三是从产业来看，21世纪海上丝绸之路的交流合作范畴大得多，优先领域和早期收获项目可能是基础设施互联互通，也可以是贸易投资便利化和产业合作，还有人文交流和人员往来。从整体来看，21世纪海上丝绸之路合作范畴将会涉及农业、能源、科技、旅游、金融、海洋经济、信息、交通等各个领域。

（五）贸易方式：从以物易物到国际经贸合作

古海上丝绸之路以商品流通为特征，货物贸易是单一的贸易方式。古海上丝绸之路形成初期，在缺乏可兑换货币的时代，以物易物是最初的贸易方式，而后随着金银铜等货币的普及，才逐渐转为以货币交易为主。而21世纪海上丝绸之路的贸易内容、贸易的范围和基础支撑条件有了较大的改变，贸易往来的方式也随之发生了很大变化。从贸易方式来看，包括现国际上通用的来料加工、来样加工、来件装配、补偿贸易、进料加工等多种灵活多样的贸易方式，还有寄售、代销、包销、独家代理、租赁、拍卖、招标、投标以及期货贸易等多种贸易方式，在技术进出口中还采取了提供技术许可、顾问咨询、技术服务、合作生产等多种方式。从国际经济合作的具体方式来看，除了传统的国际商品贸易之外，还包括国际投资合作、国际技术合作、国际服务贸易合作、国际劳务合作、国际工程建筑合作、国际信息与管理合作、国际发展援助等多种方式。另外，随着信息网络技术的发展，采用国际互联网开展进出口贸易即跨境电子商务方式也日益兴起。跨境电子商务是一种新的贸易方式，其最大的特点是效率高、成本低以及不受时间、地点的限制，发展非常迅速，已经成为各国经济发展新的增长点。

（六）城市竞争：从天然资源优势到经济腹地竞争

从历史上看，广州、泉州、宁波、扬州、蓬莱、北海、漳州、福州、南京等城市无一例外都是凭借毗邻海岸的天然资源优势而发展成著名港口城市的，并在古海上丝绸之路中充当过重要角色。然而，当今世界的发展，港口的竞争离不开所在城市的支撑，城市的竞争也离不开所在区域经济腹地的有力支撑。由此可见，21世纪海上丝绸之路中，港口、城市的竞争更多地体现为经济腹地的竞争。从国家层面来讲，在21世纪海上丝绸之路的建设中，为打造通畅安全高效的海上战略通道，将建设多个海上战略支点，包括青岛、天津、上海、宁波、厦门、广州、深圳、香港、北海等多个港口城市。以腹地为划分，青岛、天津以环渤海地区为支撑；上海是长三角地区的龙头；宁波、厦门代表了东南沿海地区；珠三角地区则包括了广州、深圳、香港三个城市；西南沿海地区是以北海港口为中心。由此可见，在21世纪海上丝绸之路的国内城市竞争格局中，将会是长三角地区、珠三角地区、东南沿海地区、西南沿海地区、环渤海地区等经济腹地之间的竞争。

二、广州建设21世纪海上丝绸之路的重要意义

广州作为省会城市，同时也是古海上丝绸之路发祥地，是海上丝绸之路经济带的中心城市。早在两千多年前的南越国时期，广州就已开始同东南亚各国进行海上贸易。唐代广州成为世界著名大港。明清时期，广州曾独揽全国对外贸易。清代广州一口通商孕育了广州十三行这一著名的中西贸易中心。广州人自古就有"敢为天下先"的勇气与智慧，在古海上丝绸之路的开辟上，曾经是"中国前沿地"。"海上丝绸之路"造就了广州的千年繁华。广州因海而生，因海而盛，因对外贸易而荣。在与世界许多国家和地区对外贸易的友好往来中，因地缘关系，广州与东南亚地区联系最为紧密。现在，国家提出重启"海上丝绸之路"建设，并强调将近期重心放在同东盟国家共建的21世纪海上丝绸之路上面。从海上丝绸之路的发展历史与广州对外贸易发展的历史渊源看来，最能代表中国参与到同东盟乃至世界其他国家海上丝绸之路建设的城市，广州是当仁不让的。"21世纪海上丝绸之路"建设不仅是党中央的重大决策，也是广东省、广州市扩大对外贸易合作交流、提升外贸层级、增强区域综合竞争力的重要举措。在我国重启21世纪"海上丝绸之路"的大战略背景下，广州的城市发展正面临着一个可以大有作为的重要战略机遇，依据国家战略、地缘区位、资源禀赋，广州完全有能

力、有条件、有信心担当21世纪"海上丝绸之路"的排头兵，推动社会经济发展再上新台阶。

（一）建设现代国际商贸中心，提升城市发展层次，扩大国际影响力

建设国际商贸中心是广州作为国家中心城市的重要定位和战略支撑。在国家层面看，广州作为地处我国东南沿海地区开放前沿的中心城市，建设国际商贸中心对于我国打破制衡，实现资源和市场配置的全球化，确立我国对周边地区特别是东南亚、南亚和南太平洋地区地位具有重要的战略意义；在城市发展层面，国际商贸中心建设是广州在未来城市之林的定位和广州城市竞争力的体现。从长远看，广州不会只满足于建设成国家中心城市，还要向"亚洲中心城市"和"世界城市"的更高目标迈进。无论是从国家或是城市发展层面看，广州21世纪海上丝绸之路建设与打造国际商贸中心有着共同的目标，都是以世界范围内的大规模经济贸易活动为基础和联系，提升城市的发展能级，扩大城市国际影响力，助推广州迈入全球城市体系的"塔尖城市"，重塑中国在亚洲自贸区的领导力和影响力。从具体来看：

1. 有利于广州建设成为环南海地区的贸易中心和金融中心

贸易是国际商贸中心的基础功能，而经济贸易也仍然是新海上丝绸之路（简称"新海丝"）的基础，新海丝建设有利于广州形成在环南海乃至全球范围内有重要影响的、以贸易活动带动商务活动的国际化枢纽。金融是现代经济的核心，金融中心体现着国际商贸中心城市的综合影响力。新海丝的建设必将带来更广泛和更深层次的国际金融合作，将给广州金融业扩大开发和强化制度创新带来新的机遇，有利于广州建设成为联通港澳、服务全国，影响环南海地区，与国际接轨的重要金融中心，进而与香港、深圳共同建设成全球顶级金融中心。

2. 有利于广州成为世界重要的航运枢纽

将广州打造成国际航运中心不仅是建设国际商贸中心的内在要求，也是"海上丝绸之路"战略实现的重要保障。新海丝的建设将给整个沿海港口和航运业发展注入新动力。广州借助新海丝建设的契机，可以依托航空物流平台、国际远洋集装箱物流平台、区域性道路运输枢纽物流平台、铁路枢纽特大型货物物流平台，吸引航运高端产业要素聚集，优化航运资源配置，加强与世界各国港口的合

作，打造对整个亚洲甚至全球的商品具有集散和辐射功能的国际航运枢纽，重振广州作为我国通向世界重要门户的历史辉煌。

3. 有利于广州成为跨国公司总部的聚集地

总部经济是体现国际商贸中心经济控制功能的一种重要经济形态。广州新海丝建设的过程，也是全力支持珠三角从被动接受国际分工转向自主参与国际分工，从世界产业链、价值链的低端向中端、高端提升的过程。因此，新海丝的建设有利于广州在引领珠三角转型升级过程中成为制造总部、研发总部、运营总部的聚集中心，同时也有利于广州发挥强大的综合服务功能优势，成为航运、金融、贸易、高增值服务等各个领域大公司或跨国公司总部的集中地，成为组织国内外经济活动的重要平台，以及全国乃至全球经济的控制和决策中枢。

（二）增强国家中心城市聚集辐射作用，推动区域经济协调发展

推动区域一体化发展是经济全球化和区域一体化发展不断深入的必然要求，也是扩大国家中心城市辐射范围和市场空间的现实需要。区域发展不平衡是世界各国普遍存在的现象，幅员宽广的大国尤其如此。广州实现作为国家中心城市的历史使命，是基于我国重塑区域发展格局的战略考虑，是促进区域一体化和区域经济协调发展、促进区域空间结构的合理化和均衡化的需要。新海丝的建设将会进一步解放我国沿海地区的发展，这对推进区域经济协调发展无疑是个巨大的契机。广州应当紧抓这个契机，充分发挥国家中心城市的龙头带动作用，积极推进与周边地区和城市群之间的合作，促进区域间的产业链、供应链和服务链的形成，从而增强自身的辐射能力，并对区域经济协调发展作出应有的贡献。

1. 有利于打造具有世界竞争力的大珠三角城市群

在城市群日益成为今后全球竞争的主要载体的时代背景下，全国各大城市群中，大珠三角城市群最有可能发展成为亚太地区最具活力和国际竞争力的城市群。广州应当抓住建设21世纪海上丝绸之路的机遇，加快国家中心城市建设，协同香港和深圳两大城市，通过提升高端要素集聚功能、科技创新能力、文化引领功能和综合服务功能，提升对全球市场变动的感知和应对能力，更加准确地把握管理、服务和技术创新的方向，全面提升大珠三角在全球生产制造和创新体系中的地位，形成最具活力和竞争力的世界级城市群。

2. 有利于振兴广东东西两翼和北部山区经济

粤东西两翼和北部山区由于远离港澳，缺乏对外经济合作通道，难以加入全球分工合作体系，影响了这些地区的现代化和工业化进程，在一定程度上造成了广东区域经济发展不平衡和不协调的格局。21世纪海上丝绸之路的建设，有利于广州积极发挥国家中心城市的聚集和辐射作用，携领珠三角帮扶粤北部山区在产业、交通、人力等方面实现资源合理对接和有效配置，更好地承接珠三角产业和国际产业转移。对粤东西两翼，有利于广州发挥龙头引领作用，布局以穗港深澳为核心、包括多个沿海城市在内的海洋都会带，以海洋共建为突破口，加强和粤东西两翼在临港产业、港口物流、海岛开发、海洋旅游、战略性海洋新兴产业等方面的合作和对接，使粤东、西、北成为广东海洋经济的重要腹地，形成全新的区域合作格局。

3. 有利于将增长极的经济活力辐射华南、中南和西南地区

随着以广州为核心的高速公路和高铁网络的逐步形成，广州中心城市的经济腹地进一步扩大，这为广州利用国家中心城市的优势拓展腹地经济、带动区域经济、辐射全国发展提供了重要条件。21世纪海上丝绸之路的建设，对广州以自身作为媒介和纽带，依托高速的交通网络，利用强大的经济渗透能力，全面深化与周边省区的经济分工合作，强化对河南、湖北、湖南、江西、福建、广西、海南、云南、四川、贵州、重庆诸省（自治区、直辖市）的人才吸引力有重要的作用，对广州成为中国华南乃至中南、西南版图的中心点具有重大的战略意义。

（三）推进环南海地区的经济一体化进程

环南海地区是海上丝绸之路最密集的地区，也是对西部远洋地区海洋丝绸之路的共同起点。目前，环南海地区已经形成了若干个次区域的经济合作圈[①]。目前，这一地区次区域的经济合作仍在不断扩大。在这些次区域中，粤港澳地区是环南海地区经济体量最大、最重要和最活跃的经济区。建设并依托21世纪海上丝绸之路，有利于广州借助粤港澳经济一体化的平台，充分利用国内外两种资源、两个市场，积极推进与环南海国家和地区开展多领域、多层次、多形式的交

[①] 包括华南海洋经济合作圈、东南亚新加坡—佛柔—廖内群岛成长三角区、台越菲经济三角区、东盟北部三角区、东盟东部三角区。

流合作，加快环南海地区经济一体化进程，推动环南海经济合作圈作为一个整体参与全球经济合作，从而对当前世界经济版图产生重要影响。

1. 有利于加强交通运输、仓储、信息网络等基础设施建设，实现互联互通

广州要打造21世纪海上丝绸之路的"排头兵"，必须构建起与此相应的基础设施体系。这个基础设施体系应该是由港口、铁路、公路、航空、油气管道、输电线路和通信网络组成的综合性立体互联互通的交通网络。21世纪海上丝绸之路建设，有利于广州主动对接环北部湾和东盟的进出口通道和港口交通枢纽，加快与相邻区域的基础设施建设；利用技术优势参与到东盟国家和地区港口、高铁、地铁、运河等国际合作项目；加强与东盟国家主要临港港口城市的沟通与合作，实现与东盟国家主要港口城市之间的基础设施互联互通的同时，也是对推进环南海地区经济一体化提供有力的基础支撑。

2. 有利于深化国际合作机制，降低贸易成本，实现互惠互利

共建21世纪海上丝绸之路，深化国际合作机制，促进投资贸易便利化，降低贸易成本，实现互惠互利是推进区域经济合作的重点。作为落实CEPA及服务业贸易先行先试实验区，广州与港澳地区在加强经贸合作和深化合作机制方面已奠定了良好的基础。随着粤港澳自贸园区的批报，穗港澳三地将在"一国两制"的大框架下，促进服务贸易自由化、投资便利化、商品贸易自由化，金融开放和金融创新合作，并加强在城市规划、金融服务、基础设施、制造业及科技创新、生态建设和环境保护等各方面的合作机制研究。这些基础和经验都将在对环南海地区各经济体的深化国际合作机制，促进投资贸易便利化，降低贸易成本，实现互惠互利具有探索和借鉴意义，而且对环南海地区统一大市场的形成，经济一体化有重要的推动作用。

3. 有利于密切高层技术及人才往来，实现互认互知

广州已经是华南地区科技和人才资源最为丰富的城市，具备培育知识创造、转化和应用完整链条的基础和能力。21世纪海上丝绸之路的建设，有利于广州发挥国家中心城市、综合性门户城市的独特优势，在全面加强与海上丝绸之路各经济体的经贸往来、文化交流和科技合作中，形成汇聚全球高端科技和人才的吸引力，使广州成为国内外的资金、技术、信息、人才等要素的流通枢纽，逐步确立在环南海地区的经济、科技、文化和人才交流中心地位，成为环南海地区乃至全球重要的高层技术和高端人才聚集高地。

（四）促进新型开放经济体系的形成

改革开放以来，作为我国深化对外开放发展格局的前沿城市，广州开放型经济发展具有资源和市场"两头在外"的鲜明特点。然而，随着城市经济社会不断发展，土地瓶颈制约日益强化，劳动力、资源和社会成本不断上升，以及经济结构转型升级，开放型经济的低成本优势正逐步丧失。21世纪海上丝绸之路建设是广州构建新型开放经济体系面临的重要战略机遇，有利于广州在改革创新中培育引领国际合作与竞争新的优势，更加紧密地把广州经济发展和世界经济体系联系在一起，在更深层次、更宽领域配置资源，组织市场，促进广州新型开放经济体系形成，全面提升广州经济发展的国际化水平。

1. 有利于广州加快形成与世界经济规则接轨的开放型经济体制

开放型经济的形成与发展不仅仅表现在货物贸易的进出口上，还包括服务、劳动力、资金等要素可以较自由地跨国界流动，在全球或区域大市场实现资源的最优配置。从体制机制的层面来看，开放型经济本质上是一种经济制度，该经济制度致力于主动对接世界经济以及世界经济规则。共建21世纪"海上丝绸之路"是新形势下应对挑战、用开放倒逼改革的重要途径，它有利于建立与国际接轨的投资管理体系和政府经贸管理体系。对广州来说，外向型经济是广州经济最根本的特征，主动参与21世纪海上丝绸之路建设，有利于推动广州的投资体制和政府管理体制的改革创新，加快形成与世界经济规则接轨的开放型经济体制，率先实现由外向型经济向开放型经济转型，从而继续发挥好新时期改革开放试验田、"排头兵"的作用。

2. 有利于广州加快培养具有国际竞争力的对外贸易主体

广州开放型经济的发展在相当长一段时间主要是以"引进来"为主。"走出去"的大多数是中小企业，而且是民营企业居多、龙头型企业较少，尤其是缺少具有国际影响力的本土跨国企业，影响了城市的竞争力，导致难以在国际竞争的风浪中站稳脚跟，这成为广州发展开放型经济的一块软肋。21世纪海上丝绸之路的建设，推动着沿线国家和地区的基础设施互联互通、资源能源开发、产业合作等经贸活动升级，将带给广州企业一个更加广阔的区域市场，有利于广州企业拓展市场渠道，充分利用海外资源，发展境外经贸合作新伙伴，加快"走出去"步伐，对培育具有国际竞争力的对外贸易主体有积极的推动作用。

3. 有利于广州加快转变对外贸易发展方式

长期以来，广州要素禀赋的比较优势主要体现在丰裕的劳动力供给方面，而资本、技术等要素供给有限，这就决定了广州外贸还基本停留在"以量取胜"上，出口商品中仍旧处在国际分工产业链的低端，拥有自主品牌、自主知识产权和自主经营渠道的出口产品占比较低，转变外贸增长方式形势紧迫。共建21世纪海上丝绸之路，促进沿线区域内统一大市场的形成，建立区域内一体化最终产品市场，扩大区域内最终产品贸易，有利于优化贸易结构和进出口市场结构，促进广州进口与出口、一般贸易与加工贸易、货物贸易与服务贸易、内贸与外贸相互间的协调发展，提升"广州制造"与"广州服务"的国际影响力，加快广州转变外贸发展方式。

第二章 广州参与21世纪海上丝绸之路建设的战略研究

一、广州参与21世纪海上丝绸之路建设的基础条件

(一) 商品贸易稳步发展,出口市场多元化态势明显

1. 商品进出口总值规模稳步增长

改革开放以来,广州市充分利用毗邻港澳、信息灵通、交通便利等优势,始终把对外贸易作为经济发展的前导,大力发展国际贸易和转口贸易,努力开拓国际市场,外经贸总体规模已实现跨越增长。1978年,广州商品进出口总值不足2亿美元,2013年跃升到1188.88亿美元,增长超过580倍。1993年进出口总值突破100亿美元大关,达到134.33亿美元;2000年突破200亿美元,达到233.51亿美元。2002年我国加入世界贸易组织(WTO)以来,广州进出口总值

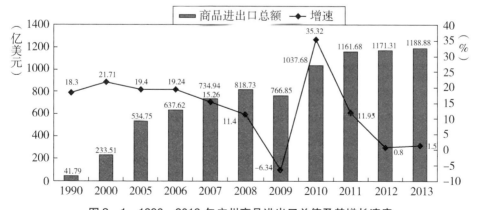

图2-1 1990—2013年广州商品进出口总值及其增长速度

数据来源:《广州市统计年鉴2012》、《广州市统计公报2013》整理。

连续6年每年上一个百亿美元台阶；2010年突破1000亿美元，达1037.68亿美元；2013年达到1188.88亿美元，实现了对外贸易的跨越式发展。（见图2-1）

2. 出口商品结构持续改善

30多年来，广州市出口商品结构实现了两次大的转变。20世纪80年代，广州出口商品结构实现了从初级产品为主向工业制成品为主的转变，初级产品与工业制成品的比例从80年代初的1∶0.78增长到1990年的1∶4.56。20世纪90年代，随着"以质取胜"和"科技兴贸"战略的实施，广州出口的工业制成品实现了从劳动密集型、资源密集型产品为主向技术和资金密集型产品为主的转变；从粗加工、低附加值产品为主向深加工、高技术含量产品为主的转变。2013年，机电产品出口额为311.48亿美元，占出口总额的49.59%；高新技术产品出口额为107.2亿美元，占出口总额的17.07%。（见表2-1）

表2-1 广州（2011—2013）出口产品结构变化

单位：亿美元、%

年 份	出口总额	农产品		机电产品		高新技术产品	
		金额	比重	金额	比重	金额	比重
2011	564.73	7.54	1.34	295.66	52.35	105.80	18.73
2012	589.12	7.64	1.30	309.42	52.52	112.73	19.14
2013	628.07	7.68	1.22	311.48	49.59	107.2	17.07
2013年增长率	6.61	0.52	—	0.67	—	-4.91	—

数据来源：根据广州海关广州地区历年进出口简报数据整理。

3. 出口市场多元化态势明显

30多年来，广州外贸市场实现了从以港澳地区为主到逐步多元化的转变，2013年广州外贸市场拓展到全球200多个国家和地区。改革开放初期，广州出口市场高度集中在亚洲，尤其是经过香港地区的转口贸易成为广州出口的主要方式。近年来，广州继续推进市场多元化建设，贸易伙伴多元化格局得到进一步优化。

2013年美国超过欧盟，成为广州最大的贸易伙伴。同年，广州前五大贸易伙伴及占比依次为：美国（14.5%）、欧盟（13.2%）、东盟（11.9%）、中国香港（11.8%）和日本（10.8%）。其中，东盟由2012年的第五位上升至2013年的第三位，中国香港和日本分别退居第四位和第五位。韩国保持第六大贸易伙伴，但比重有所下降，比上年下降 0.8 个百分点。相对而言，2013 年广州与非洲的贸易额上升，占比 5.26%，比上年提升 1.1 个百分点，但广州与拉美的贸易额下降，占比为 5.11%，比上年下降 0.7 个百分点，说明对广州贸易而言，非洲市场有更大的潜力。（见图 2-2）

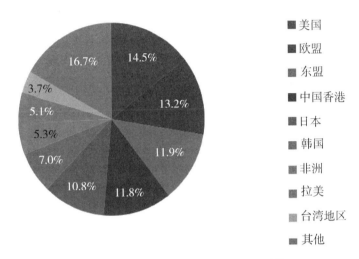

图 2-2　2013 年广州对外贸易市场结构

数据来源：据广州海关 2013 年 1—12 月广州地区进出口简报（贸易伙伴部分）数据整理。

4. 利用外资质量水平大幅提升

30 多年来，广州吸引外资的总量不断增长，利用外资的质量和水平不断提高，外资对经济增长的带动作用日趋明显。20 世纪 80 年代，广州市利用外资主要引进港澳资本，且以服装、玩具、箱包等劳动密集型"三来一补"的中小资本居多。从 1984 年开始，利用外资方式逐步转向以合作经营和合资经营为主。1987 年开始出现外商独资项目，1997 年外商独资项目首次超过其他投资项目，并成为主要的利用外资方式。其中制造业利用外资从纺织、轻工等劳动密集型发展到汽车、电子、石化以及高新技术等资本和技术密集型产业。近年来，广州先后获得"国家医药出口基地""国家汽车及零部件出口基地"[①]；服务业利用外资从最初的房地产、路桥

---

① "国家软件出口创新基地""中国服务外包基地城市"。

等基础设施投资逐步扩大到金融、物流、会展、中介等现代服务业。2013年，广州市新签外商直接投资项目1092个；合同外资金额71.14亿美元，增长4.6%；实际使用外商直接投资金额48.04亿美元，增长5.0%。

（二）服务贸易增长强劲，服务外包亮点突出

1. 服务贸易总额迅猛增长，占全国的比例不断提升

近年来，广州服务贸易一直保持高速增长态势，实现跨越式发展。2013年广州服务贸易总额567亿美元，比上年增长40.06%，2007—2013年间平均增速34.54%，比全国平均增速（12.91%）快21.63个百分点。广州服务贸易占广东和全国的比例不断提升，地位和作用不断增强。广州国际服务贸易占全国的比重从2007年的3.79%升高到2013年的10.5%。广州服务贸易对广东和全国服务贸易的贡献程度进一步提升。此外，广州服务贸易一直保持顺差，显示出广州服务贸易具有较强的国际竞争力。（见表2-2）

表2-2　2010—2012广州服务贸易收支情况

单位：亿美元、%

年份	贸易总额	贸易收入	贸易支出	差额	贸易总额增长率
2006	68.9	47.3	21.6	25.64	27.24
2007	95.6	60.0	35.6	24.4	38.75
2008	131.3	82.2	49.1	33.18	29.12
2009	125.34	62.9	62.5	0.4	0.26
2010	164.75	87.63	77.13	10.5	30.8
2011	239.59	125.63	113.92	11.71	45.43
2012	403.28	206.48	196.79	9.69	68.32
2013	567.0	—	—	—	40.06

数据来源：据国家外汇管理局、广州市对外贸易经济合作局、广州市政府报告数据整理。

2. 服务外包规模迅速扩大，行业地位快速提升

广州的研发外包产业起步于20世纪90年代。因起步较早和营造出良好的发展环境，其发展速度较快，产业规模较大，涉及领域范围广泛。2007年广州被

认定为"中国服务外包基地城市",2009年被国务院认定为"中国服务外包示范城市"。2011年,广州市服务外包规模跃居广东省及华南地区首位,服务外包规模占广东省"半壁江山"。2011年,广州各类服务外包企业总共有625家,从业人员22万人;包括了世界500强企业中的28家、国际外包专业协会(IAOP)全球外包100强中的31家、在华十大全球供应商中的7家、中国服务外包领军企业中的6家。近几年,离岸服务外包发展迅速。2012年广州研发外包合同金额和执行金额分别同比增长43.2%和41.3%,其中离岸合同金额和执行金额分别同比增长52.1%和42.1%。2013年,广州服务外包合同额62.0亿美元,增长25%。服务外包发展体系更加完善且兼具知识流程外包(KPO)成为广州外包业态的亮点。

(三)对外投资实现跨越式发展,投资地区不断拓展

1. **对外投资规模实现跨越式发展**

2013年广州市对外直接投资额达18.18亿美元,累计对外协议投资已达33.1亿美元。2002—2013年均增速达56.6%。境外投资增速高于全国、全省和上海、深圳等城市,占广东全省份额由2012年1/6提高到1/3。从2008年开始,广州对外投资规模发生了根本性变化。从2008年10502万美元,连续4年跨越4亿美元大关。全市企业加入"走出去"行列,对外投资的规模越来越大。(见图2-3)

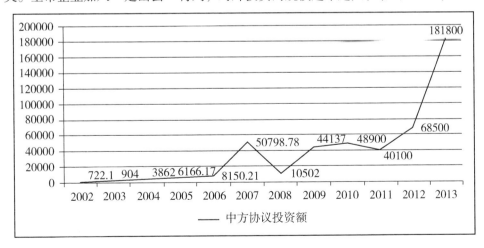

图2-3 2003—2012年广州境外直接投资数据表(单位:万美元)

2. 项目类型由贸易类向服务类转型

2013年全市"走出去"企业对外投资项目共计114个,其中贸易类项目55个,占项目总数的48.25%;非贸易类境外投资项目59个,占比51.75%;服务类境外投资项目38个,占比33.3%。服务类项目稳步增长,高端服务和技术研发服务成为企业对外投资的新方向,对外投资已经由第一、第二产业向第三产业转移,而且高端服务业增长趋势明显。(见表2-3)

表2-3 2013年广州企业对外投资项目类别情况

性 质	2013年			
	项目数	占比(%)	中方投资额(万美元)	占比(%)
贸易	55	48.25	33479	18.41
服务	38	33.33	71204	39.16
生产	14	12.28	17604	9.68
研发	2	1.75	1140	0.63
资源	5	4.39	58416	32.12
合计	144	100	181843	100

3. 投资主体以民营中小企业为主

从选择调查分析的218家境外投资企业发展看,广州市"走出去"企业规模较小,50人以下企业达到199家,占比91.7%;51~100人的企业仅为9家;101~200人的企业仅为6家;200人以上企业仅为3家,占比仅为1.38%。64家"走出去"企业中,民营企业38家,占比59.3%。2013年全市对外投资项目中,民营企业投资项目87个,占项目总数的75%;中方协议投资额达13.3亿元,占比72.88%。(见表2-4、表2-5)

表2-4 2013年广州企业对外投资项目体制类别情况

企业体制	2013年			
	项目数	占比(%)	中方投资额(万美元)	占比(%)
民营企业	87	75.00	132527	72.88

企业体制	2013 年			
	项目数	占比（%）	中方投资额（万美元）	占比（%）
国有企业	15	12.93	27103	14.90
外资企业	14	12.07	22212	12.21
合计	144	100	181842	100

表 2-5　2013 年 218 家年检企业境外人数规模情况

人员规模（人）	企业数（个）
50 人以下	199
51～100 人	9
101～200 人	6
200 人以上	3

4. 投资区位不断拓展

2013 年，广州市年检 275 家企业对外投资区位选择，结果表明境外投资项目主要以亚洲居多，占 74.6%；其次是欧洲，占 8.4%；北美地区达到 7.6%；非洲、南美洲、大洋洲企业占比分别为 5.82%、1.82%、1.82%。根据 2013 年全市投资项目地域分布统计，传统的港澳台地区仍占主导，投资港澳台项目达 64 个，中方投资额 134792 万美元。但新兴市场增幅加快，其中北美洲投资增长保持快速，共有 15 个，中方投资 3725 万美元；亚洲投资项目 16 个，中方投资额 20256 万美元，并有逐渐增加趋势。（见图 2-4）

5. 投资行业以传统优势行业占主导

在广州市"走出去"的企业中，对外投资主要集中在传统行业。其中，农林牧渔业占比达 6.3%，制造企业达 42.9%，是对外投资行业的主要领域。投资生产企业中主要是服装、食品、小商品、电子产品等广州传统优势产业；批发和零售业占比达到 17.5%；租赁和商务服务业占比达到 7.9%；矿产资源、建筑工程行业占比分别达到 1.6%、6.3%。现代服务业领域的传媒业、交通物流业、信息计算机服务、房地产业分别达到 1.6%、3.2%、6.3%、1.6%。（见图 2-5）

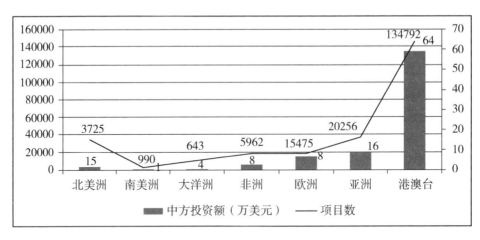

图2-4 2013年广州对外投资项目地区对比情况

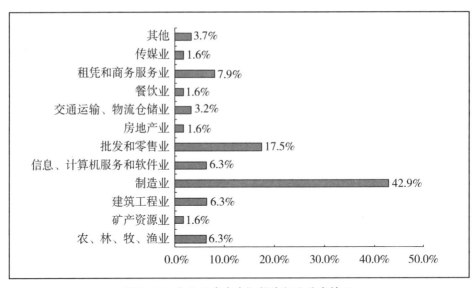

图2-5 企业"走出去"投资行业分布情况

二、广州21世纪海上丝绸之路建设的优劣势分析

21世纪海上丝绸之路建设是中国构建全方位对外开放新格局的重大战略部署,包括长三角地区、珠三角地区、东南沿海地区、西南沿海地区、环渤海地区

在内的港口群作为国家重要的海上战略支点均积极投入,因此广州将面临来自青岛、大连、天津、上海、宁波、厦门、深圳、香港、北海等港口城市的激烈竞争与分工合作。因此,通过与主要港口城市详细对比,找出广州的优势与差距,对找准广州 21 世纪海上丝绸之路的战略定位和战略路径具有重要的现实意义。

（一）优势

1. 从历史传统看,广州是唯一超过两千年长盛不衰的大港

广州古称番禺,位于南海之滨,凭借自身拥有的海上交通中心的优越条件,成为中国古代海上丝绸之路的发祥地,是世界海上交通史上唯一的 2000 多年长盛不衰的大港。

广州自汉代以来就是中外海上贸易的枢纽,东西方文明交汇的中心,中国走向世界的门户。在春秋战国时期,处于"百越之地"的番禺,已有木船出海航行的记录。秦始皇时,番禺已成为"犀、象齿、翡翠、珠玑"的集散地。公元 3 世纪以前,广州即已成为中国与罗马等西方国家海上贸易之要冲。汉桓帝时,广州到亚洲和欧洲国家的东西方贸易航线已经形成。从 3 世纪 30 年代起,广州已成为海上丝绸之路的主港。唐宋时期,广州成为中国第一大港,是世界著名的东方港口城市。由广州经南海、印度洋,到达波斯湾各国的航线,是当时世界上最长的远洋航线。元代,广州的中国第一大港的位置被泉州替代,成为中国第二大港。15～19 世纪初叶,明清实行海禁,广州保留"一口通商"的地位,成为明清海上丝绸之路环球贸易的唯一大港。在海上丝绸之路 2000 多年的历史中,相对其他沿海港口而言,广州被认为是唯一长期不衰,因此被称为"历久不衰的海上丝绸之路东方发祥地"。

2. 从综合实力看,广州位居主要港口城市第一梯队为海上丝绸之路建设奠定坚实基础

对海上丝绸之路建设而言,城市的综合经济实力是其影响力和吸引力的基础,也是其集聚能力和辐射力的核心。从经济实力总量看,上海、广州处于我国的第一梯队,广州排在第二位;天津、深圳和广州较为接近;厦门、宁波和广州的差距较为明显。2013 年,广州地区生产总值达 15420.14 亿元,在全国主要港口城市中低于上海（21602.12 亿元）位居第二位,占全国 GDP 的比重上升至 2.71%。自 1978 年以来,广州经济总量连续 20 多年居国内大中城市第三位,在全国经济首位度稳步上升。人均 GDP 达 11.93 万元，位居第二；地方财政一般预算收入达到 4430 亿元，在全国主要港口城市居于第一位；社会消费品零售总额位居第二；规模以上工业企业实现总产值 17310.24 亿元，实现利税总额 1861.73 亿元，实现利润总额 1043.54 亿元；规模以上汽车制造业、电子产品制造业和石油化工制造业三大支柱产业完成工业总产值 8089.49 亿元，占全市规模以上工业总产值的 46.73%，工业经济效益不断增强；高技术制造业和先进制造业实现总产值 11962 亿元，合计占规模以上工业的比重近七成，广汽工业集团成为首家市属世界 500 强企业；区域金融中心地位凸显，金融机构存款余额、产权市场交易额、保险市场保费收入继续保持全国第三位，银行电子结算中心业务量占全国总业务量 1/4。随着经济总量的不断提升，广州对国际经济的参与度、渗透度和竞争力不断提高，目前已与全球超过 220 个国家和地区形成了经贸往来关系，"广州·广货"在国际市场形成了一定的影响力。广州具有良好的经济、产业、资金、技术等综合发展优势，具备与海上丝绸之路沿线国家和城市强化经济合作的基础。（见表 2-6）

表 2-6　2013 年主要港口城市综合经济实力比较

主要经济指标	广州	上海	深圳	天津	厦门	宁波	香港
GDP（亿元）	15420.14	21602.12	14500.23	14370.16	3018.16	7128.9	16798.8
GDP 占全国比重（%）	2.71	3.80	2.55	2.53	0.53	1.25	—
常住人口（万人）	1292.68	2415.15	1062.89	1472.21	373	580.1*	722.2
人均 GDP（万元）	11.93	9.01	13.69	9.76	8.2	9.32	23.2
规模以上工业总产值（亿元）	17310.24	32088.88	—	26400.37	4678.45	—	—
固定资产投资（亿元）	4454.55	5647.79	2501.01	10121.2	1347.54	3423	—
地方财政收入（亿元）	4430	4109.51	1731.26	2078.3	825.1	1651.2	—
社会消费品零售总额（亿元）	6882.85	8019.05	4433.59	4470.43	974.51	2635.7	—

3. 从产业结构看,广州以现代商贸业为龙头的服务型经济为海上丝绸之路新型经贸合作提供良好支撑

产业发展是经济发展的核心基础,产业结构水平对于广州积极参与21世纪海上丝绸之路建设具有至关重要的作用。从我国主要港口城市的产业结构水平来看,广州、上海产业结构比例呈明显优化,服务业增加值占GDP的比例均超过60%,形成以服务型经济为主导的产业结构。2013年广州服务业增加值占GDP的比例高达64.62%,超过上海(62.2%)居全国第一位。深圳、天津、厦门、宁波等城市服务业占比均低于60%。(见表2-7)

此外,从服务业的内部结构来看,广州形成了以商贸、物流、金融、信息以及文化教育为主导的现代服务产业体系,城市服务业聚集辐射和综合服务功能强大,为海上丝绸之路建设的新型经贸合作关系奠定良好的基础。尤其是以批发、零售、物流、会展等为主体的商贸服务业构成了广州经济的第一支柱和最大优势。

物流业方面,A级、5A级物流企业总数分别达80家、7家,位居全国城市前列;物流业增加值1191亿元,占全市GDP比重的7.7%。会展业方面,"中国(广州)进出口商品交易会""中国国际中小企业广州博览会""中国海洋经济博览会""中国国际照明展""中国国际橡胶工业展"等综合性和专业性展会已经发展成为我国聚集国际创新产品和技术、促进国际贸易的重要平台。全市重点展馆展览面积逾800万平方米,展览规模居亚洲或世界第一的展会5个,展览规模超10万平方米的展会达16个。电子商务交易额超万亿元,交易规模全国领先。国家级电子商务示范企业5家、省级示范企业32家,分别占全省的45%、44%。新认定内资总部企业63家。在大宗商品电子交易平台方面,广州已经形成了广东塑料交易所、广州华南金属材料交易中心、广州华南粮食交易中心、广州华南煤炭交易中心、广州华南石化交易中心和广州化工交易中心6个大宗商品交易平台,并形成具有国内外广泛影响力和辐射力的广州价格,大大增强了我国大宗商品交易的话语权。

广州市发达、完善的城市综合服务功能为商贸服务业的低成本、高效率运营提供了强有力的支持,大大增强了商贸服务业资源聚集发展的吸引力。为进一步促进商贸服务的大发展,打造海上丝绸之路"排头兵"提供了良好的综合服务支持。

表2-7 2013年主要港口城市产业结构对比

主要指标		广州	上海	深圳	天津	厦门	宁波
三次产业结构比		1.48:33.90:64.62	0.6:37.7:62.2	0.0:43.4:56.6	1.3:50.6:48.1	0.9:47.5:51.6	3.9:52.5:43.6
第二产业增加值（亿元）		5227.38	8027.77	6296.84	7276.68	1434.79	3741.7
第三产业增加值（亿元）		9963.89	13445.07	8198.14	6905.03	1557.38	3110.8
商贸产业	总量（亿元）	2705.31	3847.44	2035.2	2143.86	392.95*	—
	占GDP比重（%）	17.5	17.8	14.04	14.92	13.96*	—
金融业	总量（亿元）	1146.37	2823.29	2008.16	1202.04	227.70*	—
	占GDP比重（%）	7.43	13.07	13.85	8.37	8.09*	—

4. 从区位条件看，广州具有与东盟国家经济往来的距离、成本优势

国际区位方面，广州地处珠江出海口，是我国重要的对外通商门户，并且是东南亚区域经济圈的几何中心，与东南亚、日本等亚洲国家的交通距离均在3~4个小时的航程之内，是区域国际商贸、物流的理想基地。区域区位方面，广州位于珠江三角洲城市群的中心，也是华南地区的经济中心。优越的地理和区域中心优势，使广州成为中国为数不多的同时具备内外辐射带动潜能的城市之一。对内，广州能够辐射华南以及西南中南部分地区；对外，广州可以在中国与东盟、南亚、西亚和非洲经济往来中扮演关键角色。中国崛起对外的影响带动作用。首先表现在东南亚地区，其次是南太平洋地区和环印度洋的一些地区，而广州正好处于其中支点的位置，能够形成巨大的综合辐射源。与天津、大连、青岛、上海等北方港口城市相比，广州与海上丝绸之路建设的重点区域如东南亚、南亚、中东、非洲甚至欧洲，具有更近的距离，更能节约运输时间和运输费用，因此广州的综合服务中枢地位最为得天独厚，整体优势最为明显。

5. 从流通基础设施看，国际性枢纽型的海港和空港能够为海上丝绸之路商贸往来提供便捷的服务

交通及信息枢纽功能是发挥国际商贸中心功能经济辐射力的重要设施载体。依托空港、海港和高速公路网，广州城市基础设施网络不断完善，国际综合性交通枢纽地位不断提升，城市聚集和辐射功能显著增强。2013年，广州交通运输、仓储和邮政业增加值达996.25亿元，超过上海（935.06亿元）排在全国第一位。从港口货物吞吐量和集装箱吞吐量两个指标看，上海货运枢纽功能的优势仍非常明显，广州属于第一梯队。2013年广州港口货物吞吐量4.73亿吨，国内排在上海、天津和宁波之后居第四位，在全球居第五位。同年，广州港口集装箱吞吐量1550.45万标箱，排在上海、深圳、宁波和青岛之后居全国第五位、全球第八位。广州港共有万吨级码头泊位55个，国际海运通达世界80多个国家和地区的350多个港口，与国内100多个港口通航，是我国与东南亚、中印半岛、中东、非洲、澳洲和欧洲各国海运距离最近的大型贸易口岸，也是华南地区最大的对外贸易口岸。从空港条件来看，2013年广州白云机场实现旅客吞吐量5246.42万人次，在国内主要港口城市中排第二位，居世界前10位。国际航线达到105条，

表2-8 2013年主要港口城市流通辐射指标对比

主要指标	广州	上海	深圳	天津	厦门	宁波	香港
物流业增加值（亿元）	996.25	935.06	504.09	725.05	191.88	—	—
物流业增加值占GDP比重（％）	6.46	4.33	3.48	5.05	6.36	—	—
货运量（亿吨）	8.93	9.15	2.97	5.16	1.57	3.54	—
港口货物吞吐量（亿吨）	4.73	7.76	2.34	5.01	1.91	4.96	2.76
港口集装箱吞吐量（万标箱）	1550.45	3361.68	2327.84	1301.2	800.79	1677.4	2228.80
机场旅客吞吐量（万人次）	5246.42	8279.18	3226.81	1003.58	1975.3	545.9	5960.94
机场货邮吞吐量（万吨）	172.77	334.98	91.35	21.44	29.95	6.6	—

国内航线500多条，连通全球183个城市。此外，随着白云机场扩建工程的推进、第三跑道和第二航站楼的开工建设、南沙港区三期工程的建设，广州在海港和空港方面具有更大的优势。在信息基础设施方面，广州是国内三大通信枢纽，互联网交换中心和互联网国际出入口之一，具有完善、高效的国际化信息基础设施。（见表2-8、表2-9、图2-6）

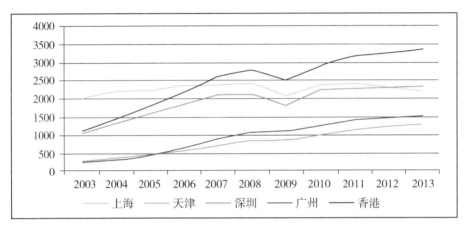

图2-6 沪港津穗深港口集装箱吞吐量（单位：万标准箱）

表2-9 2013年全球十大港口对比

名次	港口	集装箱吞吐量（万TEU）	名次	港口	货物吞吐量（亿吨）
1	上海港	3361.70	1	宁波-舟山港	8.0978
2	新加坡港	3260.00	2	上海港	7.7600
3	深圳港	2327.80	3	新加坡港	5.5800
4	香港港	2228.80	4	天津港	5.0100
5	釜山港	1765.00	5	广州港	4.5512
6	宁波-舟山港	1732.68	6	苏州港	4.5430
7	青岛港	1552.00	7	青岛港	4.5000
8	广州港	1530.92	8	唐山港	4.4620
9	迪拜港	1363.00	9	鹿特丹港	4.4110
10	天津港	1300.00	10	大连港	3.3340

注：此表数据由中港网发布，广州数据与广州统计局发布数据有一定差异。

（二）劣势

1. 国际商贸影响力弱是广州 21 世纪海上丝绸之路建设的主要短板

虽然近年来广州的对外经济贸易获得了快速的发展，但与香港、上海、深圳相比，总量规模和发展质量上均有较大的差距，是广州 21 世纪海上丝绸之路建设的主要制约。从规模指标看，2013 年广州进出口贸易总额仅为 1188 亿美元，不仅远低于上海（4413.98 亿美元）、深圳（5373.59 亿美元），也低于天津的 1285.28 亿美元。2013 年广州外商投资额为 48.04 亿美元，仅为上海、天津的三分之一左右，总体看来，广州对外资吸引力正在下降。在外资的企业中，广州拥有在世界范围内具有一定知名度的企业数量较少，在国际营销渠道开发和国外研发方面处于弱势地位。此外，中国进出口商品交易会（以下简称"广交会"）在中国对外贸易中的地位也相对弱化。近年来，广交会成交额逐年减少，2012 年比上年减少 8.09%，2013 年比上年减少 2.15%。广交会成交额在中国外贸成交总额中的占比也相应降低。而与此同时，电子商务的发展更进一步对广州的传统商贸优势发起挑战。这些均对广州 21 世纪海上丝绸之路建设中商贸的对外辐射力产生影响。（见表 2-10）

表 2-10 2013 年主要港口城市贸易指标比较

主要指标		广州	上海	深圳	天津	厦门	宁波	香港
商品进出口总额	数值（亿美元）	1188.88	4413.98	5373.59	1285.28	840.94	1003.3	11578.2
	占全国比例(%)	2.86	10.61	12.92	3.09	2.02	2.41	—
出口总额(亿美元)		628.06	2042.44	3057.18	490.25	523.54	657.1	5355.5
进口总额(亿美元)		560.82	2371.54	2316.41	795.03	317.4	346.2	6222.8
服务贸易	数值（亿美元）	567	1725.4	304.5*	180			
	占全国比例(%)	10.51	31.97		3.34			
外商直接投资	数值（亿美元）	48.04	167.8	54.68	168.29	18.72	32.75	
	占全国比例(%)	4.09	14.27	4.65	14.31	1.59	2.78	

2. 外向型经济与同区域的香港、深圳对比中优势不突出

珠三角都市圈同质竞争激烈，城市职能分工、产业协作与错位竞争还远未实现。在与香港、深圳的对比中，外向型经济恰好是广州的短板，龙头带动作用难以形成。首先，从规模指标来看，2013年香港进出口总额是广州的9.7倍，深圳是广州的4.5倍；港口标准集装箱吞吐量香港和深圳大约是广州的1.5倍。从产业结构看，香港作为亚洲第一等级的全球城市，承担着国际金融、航运、贸易中心等重要职能，国际化程度高，在世界经济体系中具有显著优势。深圳由于在空间上与香港紧密相连，在香港高端服务职能向内地转移的过程中获得更多机遇，尤其是在航运物流、科技创新、国际贸易、区域金融等领域均比广州有优势。因此，在21世纪海上丝绸之路建设中，如何与港深错位发展，加强分工与合作是广州面临的一项重要挑战。

三、广州在 21 世纪海上丝绸之路建设的战略定位

（一）全新内涵

推进21世纪海上丝绸之路建设，是党中央、国务院根据全球形势的深刻变化，统筹国内国际两个大局作出的重大战略决策，对开创全方位对外开放新格局，推进中华民族伟大复兴进程，促进世界和平发展均具有划时代的重大意义。21世纪海上丝绸之路，借用古代海上丝绸之路的历史符号，注入了新的时代内涵。

对曾是古代海上丝绸之路发祥地的广州而言，21世纪海上丝绸之路建设被赋予了全新的含义。

第一，竞争格局：从历久不衰的海上丝绸之路东方发祥地到全国多个海上战略支点之一，广州面临同多个港口城市的竞争与合作。

第二，城市发展战略，21世纪海上丝绸之路建设将从新的战略高度助推广州国际化战略，让国际商贸中心建设真正插上国际化翅膀。

第三，贸易战略方面，广州必须突破传统的商品贸易策略，向商品贸易、服务贸易并举转变。

第四，从贸易发展阶段来讲，广州正处于全方位对外开放从"引进来"到

"走出去"的重大转折,加快企业"走出去"是参与21世纪海上丝绸之路建设的重要方面。

第五,基础支撑方面,从传统、单一的航海联系向立体的互联互通转变,强化广州海港、空港、信息港的枢纽地位更为急迫。

第六,贸易商品方面:从传统农商贸易到全产业链的对接,强化综合实力是广州21世纪海上丝绸之路建设的重要保障。

1. 竞争格局:从历久不衰的海上丝绸之路东方发祥地到全国多个海上战略支点之一,广州面临同多个港口城市的竞争与合作

广州凭借自身拥有的海上交通中心的优越条件,成为中国古代海上丝绸之路的发祥地,从3世纪30年代起,一直充当着海上丝路的主港角色,至唐宋时期,已经赫然成为中国第一大港。由广州经南海、印度洋到达波斯湾各国的航线,是当时世界上最长的远洋航线。明清实行海禁,广州更是长期处于"一口通商"的局面,成为明清海上丝绸之路环球贸易的唯一大港,被称为"历久不衰的海上丝绸之路东方发祥地"。

然而,在21世纪海上丝绸之路建设中,广州面对的是国家全方位对外开放的新格局,广州仅是全国多个海上战略支点之一,面临同多个港口城市的竞争与合作。从国家层面来讲,改革开放以来已实施全方位的对外开放,在21世纪海上丝绸之路的建设中,为打造通畅安全高效的海上战略通道,将建设多个海上战略支点。主要包括长三角地区、珠三角地区、东南沿海地区、西南沿海地区、环渤海地区的港口群。从广州的角度来讲,其仅仅是国家海上战略支点的一个,要面临青岛、天津、上海、宁波、厦门、深圳、香港、北海等港口城市的竞争,竞争将更加激烈。尤其是珠三角地区的香港、深圳,外向型经济高度发达,航运和金融产业基础雄厚,广州如何开展错位发展和良性竞争合作,是在21世纪海上丝绸之路建设的关键议题。

2. 城市发展战略:21世纪海上丝绸之路从新的战略高度助推广州国际化战略,让国际商贸中心建设真正插上国际化翅膀

2008年12月,国务院颁布了《珠江三角洲地区改革发展规划纲要(2008—2020年)》,首次将广州定位为国家中心城市。2009年,广州根据自身的发展优势和特色,正式提出打造国际商贸中心的发展战略。目标是建设成为具有国际会展中心、购物天堂、贸易枢纽、采购中心和价格形成中心、物流航空航运中心、区域金融中心、电子商务中心、美食之都等主体功能完备的国际商贸中心。

对广州而言，21世纪海上丝绸之路建设将从新的战略高度助推广州的国际化战略，让国际商贸中心建设真正插上国际化的翅膀。21世纪海上丝绸之路建设，从国家的高度出发，将以和平发展、合作共赢为时代主题，积极主动地发展与沿线国家的经济合作伙伴关系，共同打造政治互信、经济融合、文化包容的利益共同体和命运共同体。不仅有助于广州与海上丝绸之路沿线国家在港口航运、海洋能源、经济贸易、科技创新、生态环境、人文交流等领域开展全方位合作，而且对强化国际商贸中心功能建设，增强国家中心城市的集聚辐射能力，促进经济转型发展具有重要意义，同时将大大拓展广州经济发展战略空间，扩大国际影响力。

3. 贸易发展战略：以传统商品贸易为主向商品贸易和服务贸易并举转变，实现外贸战略转型是21世纪海上丝绸之路建设的重要方向

传统海上丝绸之路进行交换的主要是丝绸、茶叶和瓷器等货物。现代贸易中服务产品类的快速崛起，成为世界贸易的重要组成部分。随着经济全球化深入发展，现代科技革命与信息技术进步，世界经济结构调整与产业优化升级加速，服务业的跨国转移成为经济全球化的新趋势，服务贸易成为推动世界经济增长的新动力，其发展水平成为衡量一国对外贸易以及国民经济实力的重要标准之一。大力发展服务贸易成为国际贸易的新趋势。

对广州而言，顺应国际发展潮流，贸易战略从以商品贸易为主向商品贸易和服务贸易并举转变，实现外贸战略转型，是21世纪海上丝绸之路建设的重要方向。

第一，从贸易结构看，广州近年服务贸易实现跨越式发展，增速远超同期商品贸易的增长速度，对广州对外贸易的贡献率大幅提高。2013年广州服务贸易总额567.0亿美元，2007～2013年间平均增速34.54%，比同期商品贸易平均增速高个百分点。

第二，广州服务贸易占广东和全国的比例不断提升，地位和作用不断增强。广州服务贸易2007～2013年间平均增速比全国平均增速（12.91%）快21.63个百分点。广州国际服务贸易占全国的比重从2010年的4.5%升高到2013年的10.5%。广州服务贸易对广东和全国服务贸易的贡献程度进一步提升。

第三，从产业特点看，服务贸易将成为后金融危机时期广州经济复苏、增长的新动力。

第四，广州已初步形成了软件、动漫、创意设计、金融、商贸、物流等服务外包产业集群和特色服务外包示范园区，涌现了一批技术基础雄厚、产业规模较大的产业群体和以承接系统软件设计、数据处理、系统应用和基础技术服务、企业内部管理、供应链管理等为主要业务的服务外包企业群体，成为我国南方重要的国际服务外包中心。经过多年酝酿，广州的服务贸易已到了从打基础到迅速扩张的临界点，"十二五"期间很可能是广州服务贸易"爆发性"增长时期。

4. 发展阶段：广州处于全方位对外开放从"引进来"到"走出去"的重大转折，加快企业"走出去"是参与 21 世纪海上丝绸之路建设的重要方面

当前和今后一段时期，我国正在迎来全方位对外开放从"引进来"到"走出去"的重大转折。从国际经验来看，我国正处在从吸引外商直接投资（FDI）转向扩大对外直接投资（ODI）的窗口期。2008 年以来，我国对外直接投资呈快速增长之势，年均增长达 12%，预计未来 10 年，我国对外直接投资总额累计将达到 1.5 万亿美元以上，有望成为世界第二大对外投资国。我国将在更大范围、更宽领域、更深层次上融入全球经济体系。

对广州而言，正处于全方位对外开放从"引进来"到"走出去"的重大转折，加快企业"走出去"是参与 21 世纪海上丝绸之路建设的重要方面。目前，广州人均 GDP 越过 15000 美元，正处于由工业化后期迈入后工业化的关键时期，正处在从吸引外商直接投资（FDI）转向扩大对外直接投资（ODI）的窗口期。随着城市产业结构的调整升级，广州经济发展资源要素制约日益强化，企业发展面临着国内市场需求饱和的压力，广州外向型经济发展面临着如何开拓国际市场，走国际化经营发展的道路，以应对全球化竞争的新局面。在当前我国深化改革时期，尤其是党的十八届三中全会明确提出要加快构建开放型经济体制改革，继续实施"走出去"战略，完善对外投资服务体系，赋予企业更大的境外经营管理自主权，促进我国跨国企业的发展，通过更高水平的对外开放，为我国经济长远发展再造一个"开放红利期"。我国对外开放的战略部署为广州推进实施企业"走出去"战略、培育本土跨国企业，为广州构建开放型经济体制升级版指明了方向。因此，正确把握国际国内发展形势，积极开展实施"走出去"的对外开放战略，培育本土跨国企业，拓展广州发展的市场空间，推进产业结构升级和增强发展后劲，更好地利用国际国内两个市场，强化广州在世界城市体系综合竞争力，是广州 21 世纪海上丝绸之路建设的重要方面。

5. 基础支撑：从传统、单一的航海联系向立体的互联互通转变，强化广州海港、空港、信息港的枢纽地位更为急迫

古海上丝绸之路主要以航海联系，以船只作为主要的贸易和人员往来运载工具，港口和船只是对外经济文化交往的重要支撑。

21世纪海上丝绸之路建设，虽然海上往来仍然占有重要地位，但已经不是唯一方式，而是构建出一个立体的互联互通网络，主要包括航空、港口、高速公路、铁路、信息通信等。因此，强化广州海港、空港、信息港的枢纽地位变得更为急迫。广州作为21世纪海上丝绸之路的"桥头堡"和"排头兵"，必须构建起与此相对应的基础设施体系。

硬件方面，主要是加强海港、空港和信息港等枢纽型、门户型设施建设，同时要积极参与东盟国家港口基础设施建设，实现与东盟国家主要港口城市之间基础设施的互联互通。

软件方面，主要包括加大与东盟国家临海港口城市航线航班密度，加强广州与东盟国家主要临海港口城市的沟通与合作等，为新海上丝绸之路建设提供有力的基础支撑。

6. 贸易商品：从传统商品贸易到全产业链的对接转变，提升综合实力是关键

古代海上丝绸之路以传统的农业商品贸易为主，主要从中国输出丝绸、茶叶、瓷器等商品，从东南亚地区输入木材、粮食等农林产品。

21世纪的新海上丝绸之路建设，则是从传统农商贸易到全产业链的对接，把整个沿线国家纳入到分工合作体系，因此综合实力提升是关键要素。广州作为国家中心城市，一是要跳出传统海上丝绸之路的农商贸易，大力发展工业品和服务业贸易，并成为东盟地区工业品的主要输出地；二是与港澳合作，打造世界级城市群，从而成为环南海经济合作区的经济龙头；三是向东盟国家拓展产业腹地，通过共建产业园区带动广州产业转移，从而推进广州产业转型升级。

（二）战略定位：21世纪海上丝绸之路建设的"排头兵"

把握国家重构21世纪海上丝绸之路对外开放新平台的战略机遇，立足广州国家中心城市在历史传统、经济实力、产业结构、区位条件、基础设施、经济腹地等主要优势，以东盟国家为合作重点，以政策沟通、道路联通、贸易畅通、货币流通、民心相通为主要内容，创新对外合作模式，全方位推进与沿线国家合作，着力推进贸易的战略转型升级，以传统商品贸易为主向商品贸易和服务贸易并举转变，加快企业"走出去"步伐，在商品贸易、服务贸易和对外投资三个层面把广州建设成为商品贸易枢纽城市、服务贸易示范城市、对外投资引领城市，把广州建设成为21世纪海上丝绸之路重要的海上战略支点、中国—东盟自由贸易区升级版的前沿阵地、21世纪海上丝绸之路建设的"排头兵"和"桥头堡"。

1. 商品贸易枢纽城市

加快商品贸易战略转型，着力培育以技术、品牌、质量、服务为核心的外贸新优势；提高市场开放程度，简化市场准入程序，吸引中外贸易主体集聚；提高贸易便利化水平，促进贸易要素通畅流动，提高贸易效率；加快营造国际一流水平商贸发展环境，全力推动广州由"贸易大市"向"贸易强市"转变，把广州打造成商品贸易枢纽城市。

2. 服务贸易示范城市

充分发挥广州综合服务优势，以提升服务贸易国际市场竞争力和培育"广州服务"品牌为中心环节，从战略高度把服务贸易发展作为转变广州外贸增长方式，实现广州外贸转型发展的新引擎；重点发展现代服务贸易，提升发展传统服务贸易，积极发展和承接服务外包，强化服务外包基地建设，实现服务贸易的集聚发展；积极实施品牌战略，培育服务贸易龙头企业，有重点地扩大服务进口，把广州建设成为全球服务贸易特色产业集聚区、亚洲服务贸易核心主导功能区、中国服务贸易战略提升与战略转型示范引领城市，实现广州服务贸易的全面协调可持续发展。

3. 对外投资引领城市

紧紧抓住我国深入实施对外开放的发展战略、广州作为中国面向东盟和亚太开放前沿的建设战略这一有利时机，以东盟、南亚、非洲为重点区域、加快建设丝绸之路出境经济走廊为主线、境外园区建设和龙头企业带动为支撑，实施全方位"走出去"战略，尽快建立和完善支持企业"走出去"战略的政策法规体系、国际服务体系和经济管理运行机制，为实施"走出去"战略营造宽松环境，构建广州升级版对外开放型经济体制，打造中国华南地区"走出去"先行示范引领城市。

四、广州 21 世纪海上丝绸之路建设的战略重点

（一）切实推动对外经济战略转型，打造 21 世纪海上丝绸之路的"排头兵"

1. 加快推动外贸战略转型，建设商品贸易枢纽城市

（1）着力扩大贸易规模。广州商品贸易总量规模小是制约 21 世纪海上丝绸之路建设的重要因素之一，着力扩大商品贸易规模势在必行。巩固并深度开发美国、欧盟、日本、中国香港等传统市场，综合运用贸易融资、信用保险、区域性自由贸易协定、跨境电子商务等手段开拓新兴市场；完善进口促进体系，扩大对外投资，建立海外营销网络和资源供应基地，掌握国际贸易主动权。

（2）优化贸易结构。深入实施科技兴贸、品牌引领等战略，扩大自主技术和自有品牌产品出口，推动出口从传统的生产成本优势向技术、品牌、质量、服务等新的核心竞争力优势转化；依托国家级汽车及零部件、船舶、软件、医药等出口基地，提升机电和高新技术产品出口新优势；在轻工、纺织、珠宝、家具等传统优势产业培育一批外贸转型升级示范基地；促进价格贸易转型升级；完善加工贸易产业布局，加快传统产业升级或部分加工环节有序转移，重点发展科技含量高、发展前景好、辐射带动强、技术溢出能力明显的骨干型项目；培育新兴产业，打造特色鲜明、配套齐全的主导产业集群。

（3）集聚高能级贸易主体。集聚国内外大企业和地区总部，吸引世界 500 强企业和跨国公司在广州设立地区总部、事业部、全球总部和各种功能性机构，吸引国内大企业总部、民营企业总部，培育大型跨国经营企业；集聚采用现代国际贸易运行新模式的企业，吸引国内外企业的营运中心、物流中心、分拨中心、销售中心、采购中心等集聚；集聚商品和服务技术含量高、附加值高的企业，吸引国内外企业产业链中高技术含量、高附加值的环节，汇聚研发中心、创意设计中心、增值服务中心、品牌培育中心和旗舰店；集聚国际国内贸易组织、贸易促进机构和行业组织，吸引国际贸易组织分支机构入驻并开展重要的商务活动，集聚国际国内贸易促进机构，行业组织，检验检测、认证和评级机构。坚持贸易主体市场化多元化，支持中小贸易主体发展。

2. 重点发展现代服务贸易，建设国内服务贸易示范城市

（1）大力发展现代商贸服务贸易。广州作为千年商都，区域商贸流通中心，商贸产业体系和商流规模庞大，具有大力发展现代商贸服务贸易的各方面优势。未来应紧紧围绕建设现代国际商贸中心功能这一战略目标，依托广州千年商都商贸业发达的优势，培育若干在亚太乃至全球有较强国际竞争力的与货物贸易相关的商贸服务提供商和服务品牌，扩大跨国采购和销售服务规模、延伸产业链、提高附加值，带动其他相关服务贸易的发展，成为强化国际商贸中心功能建设的重要支点。

主要发展措施有：积极引进国际上知名商贸服务贸易商，扩大商贸领域服务贸易的进口规模；支持商贸服务企业开发先进业态、应用先进技术和管理模式、拓展国际营销渠道；支持商贸服务企业品牌化经营，提升国际市场的竞争力；大力支持广州商贸服务企业在国外的商业存在，引导商贸服务企业开展国际电子商务，加强对商贸服务企业的信息服务；充分利用广交会这一重要平台，大力发展会展服务贸易。

（2）大力发展国际航运服务贸易。依托广州良好的国际航运条件和雄厚的国际物流产业基础，结合亚洲物流中心建设，充分发挥广州门户城市优势，大力发展国际运输服务贸易，把广州建设成为亚太航运服务重要提供基地和国际重要物流服务贸易中心。

主要发展措施有：发展现代航运服务体系，拓展航运服务产业链，加大对航运金融服务发展的促进和支持力度，积极发展多种航运融资方式，不断完善航运服务功能。加快建设黄埔和南沙临港商务功能区，促进航运服务聚集发展，争取设立国际航运发展综合试验区。探索建立与国际通用办法接轨的口岸通关管理办法，研究制定国际航运服务贸易的支持政策，提高航运企业的国际竞争力。加快推进国际物流业的发展，重点扶持一批在国际市场上已经形成一定影响力的品牌企业，拓展国际市场，积极推动其产品和服务进入国际市场。

（3）积极发展计算机和信息服务贸易。依托广州计算机和信息产业发达的优势，围绕打造国际信息港和国际区域信息中心为目标，加快发展计算机和信息技术服务产业，重点发展离岸信息技术服务外包，培育一批重点软件出口企业。推进国际交流与合作，拓展软件外包高端业务，促进计算机和信息服务业与其他产业的互动融合发展，形成计算机和信息服务出口与其他服务贸易出口互相促进的局面。

主要发展措施有：不断优化计算机和信息服务业发展环境，认真贯彻国家有关政策并及时配套落实，科学规划计算机和信息服务出口产业布局，加快建设独具特色的专业基地、园区；积极倡导企业自主创新，大力支持企业发展高端外包业务，培育一批重点软件出口企业；发挥行业组织的作用，依托校企合作机制，加快软件外包中高端人才培养。

（4）着力发展文化服务贸易。充分发挥广州作为历史文化名城和文化产业基础雄厚的优势，以建设世界文化名城为目标，以构建综合服务平台为手段，以市场化运作为方式，以扩大开放、促进合作为目的，大力支持、培育和发展重点文化进出口企业，大力推进珠三角地区和穗港澳台地区，及广州与东盟自贸区的文化进出口协作，重点发展文化信息服务贸易、数字出版服务贸易、动漫服务贸易，加快发展演艺服务贸易、影视服务贸易、出版服务贸易、印刷服务贸易，促进文化进出口产业发展，将广州全面建成我国文化"走出去"的战略基地。

主要发展措施有：争取国家文化产品和服务进出口等政策先试先行，争取落户一批重点文化服务贸易企业，打造全方位支持国内文化企业、文化服务和产品走向国际市场的文化服务贸易、版权贸易平台。完善文化经纪、版权代理等中介服务机构和体制，鼓励和支持文化经纪、版权代理等中介服务机构开展业务。开展促进广州文化"走出去"专项研究，建立广州市文化"走出去"专项扶持资金，支持有实力的出版机构做大做强外向型出版业务及出版服务。鼓励广州企业在境外设立出版物营销机构。帮助文化贸易企业对接各项优惠和奖励政策。形成重点领域发展对策，改善文化服务贸易薄弱环节。将传统文化、岭南文化与国际文化相结合，建立文化出口品牌。

（5）积极发展服务外包。服务外包具有信息技术承载度高、附加值大、消耗低、污染少、国际化水平高等特点，是当今国际服务业转移的新趋势，是促进产业链升级、提升国际分工地位的最优途径。广州应顺应历史趋势，把国际服务外包作为扩大服务贸易的重点，作为加快转变外贸增长方式、提高服务业国际化水平的重要内容。一是加快建设广州服务外包产业示范区，辐射带动整个珠三角地区的服务外包基地建设；二是积极开展服务外包招商，主动承接国际服务外包转移，并加强与国际外包大型企业的合作交流；三是重点培育和发展软件研发、医药研发、工业设计、动漫创意、信息管理、数据处理、财会核算、供应链管理、金融后台服务等产业和业务;四是做大做强一批服务外包企业,支持其参加国际资质认证、人力资源培训、公共信息平台的建设,有效提高服务外包企业专利信息利用和综合管理能力,培育广州服务外包品牌。

3. 深入实施"走出去"战略,建设产业投资引领城市

(1) 加大海外市场开拓力度,鼓励东盟等新兴市场。继续加强海外市场相关资金扶持政策,充分发挥境外展会平台作用,加大开拓海外市场力度,继续安排相应专项资金予以配套扶持,以鼓励企业参加市政府海外相关经贸活动,进一步扩大外贸出口。加大对贸易目的国和地区的市场拓展力度,跟随市领导出访,开展经贸合作交流洽谈活动。加强与港澳合作,依托港澳国际化的营商环境及合作资源,联合开拓国际市场,发挥港澳在"走出去"工作中的桥梁作用,巩固传统市场,开拓新兴市场。

把握国际新兴市场正步入基础设施建设和制造业大规模投入的发展时段,鼓励企业瞄准新兴经济体,重点加强对东盟、非洲等新兴市场的培育开拓力度,利用中国—东盟自贸区升级版发展的契机,扩大与东盟合作。坚持寻求市场、寻求资源和技术为主导,大力开拓市场空间和获取经济资源,逐步建立当地销售网络。支持在设备、技术等方面有较强优势的传统企业在新兴市场建立境外生产基地,转移本地过剩产能。

(2) 重点培育成长本土跨国企业。加强对"走出去"重点企业的联系和扶持,通过对口联系机制、走访调研等个性化服务,制定本土跨国企业培育的战略规划等方式予以重点支持。针对重点企业和重点项目,开辟"绿色通道",采取跟踪服务,协调解决"走出去"企业经营中面临的困境。加快推动本土企业实施品牌、技术、资本、市场、人才国际化战略,循序渐进地培育本土跨国企业,发挥龙头企业带动作用,全面引领我市企业"走出去"。加强扶持"走出去"的中小企业。优化和创造良好的"走出去"环境,为广大中小企业开展跨国经营提供有利条件。依托中心企业灵活的特征,鼓励中小企业根据自身特色和优势寻找海外细分市场。对"走出去"业务发展速度快的中小企业予以扶持,在核准管理、咨询信息、投资保险、融资便利等方面提供适应中小企业"走出去"的相关服务,引导其做大做强。

(3) 着力优化经营方式,完善境外营销网络。一是优化建设境外营销网络。充分发挥我市对外贸易的综合优势,重点支持有实力的企业设立境外贸易公司、海外分销中心、展贸中心等境外营销网络和物流服务网络。加强穗港合作,创新国际营销模式,利用境外营销网络加快开拓国际市场。鼓励企业在境外注册商标、创建自有品牌,加大品牌宣传力度,支持企业开展国际通行的产品、服务和管理体系认证。二是鼓励开展境外研发合作。要把握世界跨国企业研发销售转移新趋势,支持一些技术密集型企业,利用国外先进科技、智力资源,在科技资源密集国家和地区通过新设、并购、合资、合作等方式设立境外研发基地,提高企业科技创新能力。加强与国际研发机构的合作,鼓励企业与世界一流大学、企业和科研机构建立战略合作关系。三是着力建设境外生产加工和资源基地。充分发挥我市食品饮料、日用化工、纺织服装、皮革皮具、建筑材料、造纸等传统行业的比较优势,鼓励企业对外投资设厂,转移部分富余产能。支持企业进行全球资源和农业发展布局,加强与非洲、澳大利亚、拉美等重要能源国及农业资源丰富国家的合作,投资农海洋渔业及开发矿产、电力等境外资源能源合作项目,形成一批海外资源供应基地。

(二)加速枢纽基础设施互联互通,打造海空联动国际新走廊

从国家层面来讲,基础设施互联互通是 21 世纪海上丝绸之路建设的优先领域,重点要抓住关键通道、关键节点和重点工程。对广州来讲,要想成为 21 世纪海上丝绸之路的重要核心和枢纽支点,重点要强化在全球空间的枢纽型节点地位,提升海港、空港和信息枢纽的集聚辐射能力,打造 21 世纪海上丝绸之路陆海空联动新走廊。

1. 加快南沙国际枢纽港建设,拓展畅通海运走廊

具备国际航运功能,是广州在 21 世纪海上丝绸之路建设中大有作为的重要条件。广州海港建设需要着重改善港口条件,增强国际高端服务功能,扩大国际中转业务,增强广州国际航运中心地位。

(1)加快港口基础设施建设。以深水航道疏浚和大型集装箱泊位建设为重点,加快推进南沙港区集装箱三期、深水航道拓宽、散货码头等工程建设,做好南沙港区集装箱四期、五期的前期准备工作。

(2)重点发展高端航运服务业。着眼于国际航运中心建设和珠三角区域一体化,以南沙新区开发建设为契机,加强与香港的紧密合作,完善金融、税收、法律及人才环境,积极引进国际航运中介服务业入驻,重点发展航运金融、保

险、航运交易、船舶交易、海事法律服务、教育培训等现代航运服务业,提升航运服务功能,增强航运核心竞争力。

(3)推动珠三角港口资源优化整合。从广东发展全局着眼,尽快实现珠三角港口股权的多元化,设立共赢机制,实现协调发展。

(4)完善海港集疏运体系,强化集散功能。推进南沙疏港铁路建设,提升集疏功能和效率。着力拓展辐射空间。加快发展海铁联运与江海联运,鼓励在腹地设立"内陆无水港",与腹地形成战略伙伴关系。

(5)优化软环境,扩大国际中转业务。积极出台税收优惠、财政补贴等政策,吸引航运商到南沙港开设新航线,推进国际中转业务发展,建设与港澳错位发展的广州国际航运中心。

(6)加快广州与东盟国家海运通道建设。扩大港口开放合作,推动完善中国—东盟港口城市合作网络和机制,加快与东盟港口建立友好港口,鼓励广州企业到东盟国家参股港口建设。

2. 强化白云机场门户地位,构筑便捷航空走廊

(1)健全和完善相关枢纽基础设施。加快推进白云机场第三跑道、第二航站楼建设,开展商务机场前期工作,规划建设白云国际机场第四、第五跑道和第三航站楼建设。

(2)加快白云机场综合交通枢纽建设,提升交通衔接效率。实现空港与海港、城市轨道交通、高速公路等多种交通方式无缝衔接,形成拓展服务腹地综合性平台。

(3)加速白云机场国际航线发展,搭建广州与东盟国家重点城市之间空中通道。

(4)大力发展空港经济,设施"港城融合"发展模式,发展航空客运、物流和仓储业务、飞机租赁、航空维修和制造、航运金融、商务会展、现代商贸、服装时尚、酒店休闲等现代新兴服务业态,提升空港经济集聚辐射和服务功能。

3. 加快信息化枢纽功能建设,建设高效信息走廊

在信息化深入发展的潮流中,信息网络枢纽节点是实现融入世界城市高等体系的重要条件。在21世纪海上丝绸之路建设中,广州要想成为战略性枢纽节点,必须要建设全面感知、高度智能的智慧城市,打造枢纽型国际化信息港。一是加强信息基础设施建设,大力推进城市智能窗网络建设,加快高性能云计算中心、超级计算中心和海量信息中心建设,着力打造城市智能监控中心和电子政务云服务中心。二是增强国际信息服务功能。积极引进国际信息服务高端产业和现金技术,参与电子商务、电子政务、信息产业等国际性信息活动和标准制定,强化国际信息创新资源配置能力,大力发展网络虚拟合作平台。三是搭建面向东盟国家的跨境电子商务及物流信息平台,推进21世纪海上丝绸之路区域信息互联互通。搭建面向东盟的跨境贸易电商服务平台,提供电商通关、数据交换、外贸协同、商务信息等综合服务,建设一条阳光、便利、放心的跨境网购新渠道。

(三)强化战略性平台建设,打造21世纪海上丝绸之路建设新优势

大力发展战略性平台建设,是广州高起点建设21世纪海上丝绸之路的重要内容,是扩大广州国家中心城市积聚辐射影响力的重要举措。

1. 加快推进粤港澳自由贸易区建设,争取体制机制获得新突破

党的十八届三中全会《中共中央关于全面深化改革若干重大问题的决定》提出,在推进现有试点基础上,选择若干具备条件地方发展自由贸易园(港)区。广东省突出了对接港澳的特色,已向国家申请建立粤港澳自由贸易园区。粤港澳建立区域自由贸易园区,实质上属于CEPA之上更高层次的优惠贸易安排,它将粤港澳经济贸易活动引入更大的区域整合,同时也是在一个主权国家之内建立区域性自由贸易园区,开创自由贸易区模式的先例。依照国际惯例,自由贸易园的园区实行"境内关外"的管理模式,适应比保税区等海关特殊监管区域更为优惠的政策。广州纳入粤港澳自由贸易园区的范围包括白云空港保税区和南沙新区。一旦获中央批复,围绕自由贸易园区建设的一系列政策突破、制度创新将成为广州发展的新引擎,为21世纪海上丝绸之路建设带来重大机遇。

未来主要建设任务如下。一是建立与国际接轨的外商投资管理体制。二是推进粤港澳服务贸易自由化。以正面清单方式提出自由贸易园区服务贸易进一步开放领域。力争率先在航运服务、商贸服务、专业服务、文化服务、社会服务等重点领域取得突破性进展,提出简化审批程序、降低准入门槛、优化发展环境等方面的政策需求,逐步实现与港澳服务业融合发展。三是打造国际航运和国际贸易集聚区。根据优势互补、错位发展的原则,加强与港澳航运服务合作,将港澳的管理和技术优势、航运产业优势与内地的市场优势有机整合,重点在港口航运金

融、航运交易、船舶租赁、海事法律服务和教育培训等领域开展合作，为港澳航运服务业向内地延伸拓展空间。四是推进口岸通关便利化。货物贸易实施分线管理，落实区内与境外货物、运输工具、人员及其携带物品往来便利化政策。推进国际化的自由港运作与管理模式，简化货物监管手续，促进区内与境外货物自由流转。完善粤港澳口岸通关合作手续，推进建设粤港澳口岸通关合作示范区。五是开展金融改革创新综合实验。开展人民币资本项目可兑换试点。支持园区建立与自由贸易园区相配套的人民币金融服务框架，构建人民币国际化实验区，允许园区实行市场化的跨境双向人民币投融资服务，在风险可控的前提下实现区内"资金自由进出"。开展外汇管理改革创新，促进园区贸易与投资便利化。扩大金融业对港澳地区的开放。支持金融机构开办离岸金融业务。

2. 强化广交会龙头带动作用，打造21世纪海上丝绸之路经贸合作会展平台

发挥广交会龙头带动作用，强化货物贸易主体地位，加快发展服务、技术类会展，形成货物、服务、技术全方位展贸格局；鼓励发展进口商品展，形成进口和出口并重的展贸平衡格局。加快推动广交会实现"五个转变"：从货物贸易为主，向货物、服务、技术全方位贸易转变；从出口促进为主，向进口和出口并重促进贸易平衡转变；从外贸为主，向内、外贸相结合促进贸易和国内消费转变；从展览为主，向展览与会议综合运作转变；从线下为主向"线上+线下"融合转变，把广交会培育成世界顶级品牌展会，带动广州会展业全面提速发展。有效发挥广交会辐射带动效应。借助广交会的品牌效应和对人流、商流、物流、资金流、信息流的拉动效应，以促进广州向国际化服务业主导型城市转型为目标，以构建国际会展中心城市、构造国际贸易大平台为突破口，带动现代服务业的全面发展。同时发挥广州中心城市的综合优势，利用广交会作为高端产品、新技术和信息的交流平台作用，大力发展技术、服务贸易，构筑总部经济区域中心，加快珠三角技术创新体系建设和制造业结构优化升级。鼓励和支持广交会上的会展企业到发达国家和地区参加国际性会展，学习成熟的经验和做法，积极开展面向国际的会展活动，最大限度地发挥广交会的全球辐射带动效应。

3. 着力推动跨境电子商务发展，打造21世纪海上丝绸之路电子商务平台

探索建立跨境电子商务示范园区和产业集聚区，优化物流、分拣、仓储功能等配套。完善跨境电子商务公共服务平台，优化报关、检验检疫、结汇、退税和统计等环节的监管和服务，建设综合性跨境贸易电子商务支付平台。深化一般进口模式、保税进口模式和一般出口模式，逐步扩大跨境电子商务进出口规模。推动跨境电子商务监管仓扩容和海关跨境贸易电子商务监管模式落地。研究制定跨境电子商务交易统计和数据分析制度。

4. 着力培育"广州价格"，打造21世纪海上丝绸之路经贸合作国际采购平台

掌控定价权也是经济"话语权"的重要标志，依托广交会及一系列战略性市场平台，广州在某些产品的国内外贸易上已初具价格话语权，形成了所谓的"广州价格"。下一步，广州要做大做强"广州价格"，不仅要谋攻在国内外商品上的定价权，还要延伸服务市场的定价权。首先从大宗商品入手，重点建设塑料、金属、粮食、石化、煤炭、化工六大类大宗商品交易中心，强化"广州价格"的形成基础。同时，积极推动市场功能拓展和交易方式创新，重点引入拍卖、招标、期货交易、仓单质押、电子商务、集中委托上市等现代交易方式，以实现远期交易和远程交易，扩大"广州价格"的对外辐射力。依托大宗商品交易中心、大型专业市场、商品结算中心和商品交割中心、物流配送中心等，逐步形成国际价格、区域价格、行业龙头价格、指数价格等多层次的"广州价格"体系，以吸引跨国公司、世界顶级品牌代理商、知名工业企业交易中心等高端集聚对象。

5. 积极开展海外展贸平台建设，构建全球贸易网络枢纽节点

创新试点在海外设立具有广州特色、品牌优势的商品展示交易中心或商贸城。加强推动政府资源、行业协会组织服务与企业产品资源相结合，形成以行业为主导、以企业为主体、由商协会整合本行业优势资源整体进入，市场化运作，政府适当资助，由政府、商协会、企业联手开拓海外市场的新模式，通过提供法律咨询、营销推广、采购订货、洽谈签约、生产跟踪、售后服务等综合服务，使之成为广州品牌产品、传统优势产品常年集中展示交易的服务平台。

（四）以东盟经贸合作为战略重点，着力打造21世纪海上丝绸之路建设前沿阵地

广州参与21世纪海上丝绸之路建设，东盟应是最重要的前沿阵地。第一，广州与东盟的产业差异性强，资源互补性强，合作前景相当广阔；第二，广州与东盟合作具有良好的区位优势，是我国通往东盟最前沿、最便捷的交通枢纽；第

三,广州与东盟人缘、商缘相通,有助于推动双边沟通联系与合作交流;第四,广州与东盟具有良好的合作基础,广州历来都是中国与东盟经贸合作的门户城市,东盟十国也是广州最重要的贸易合作伙伴之一。近年来东盟现已成为广州市除美国、欧盟之外的第三大贸易伙伴。因此,广州建设海上丝绸之路核心枢纽的破题之举是大张旗鼓地选择东盟为经贸合作的战略重点,并且根据东盟区内各国经济发展水平和产业层次的差异,结合广州与东盟的经贸合作基础,分层次推进与东盟的全方位合作。

1. 加快建设广州—东盟产业转移园和广州—东盟产业合作示范区,着力推进产业投资

深化产业合作,既契合东盟国家实现工业化的诉求,又可带动广州产业结构的转型升级,是促进与东盟国家经济深度融合的重要途径,是21世纪海上丝绸之路建设可以大有作为的重点领域。

加快建设广州—东盟产业转移园和广州—东盟产业合作示范区,支持企业通过链条式转移、集聚式发展、园区化经营等方式走出去。立足广州比较优势,结合产业结构调整,推动装备制造业、过剩产能"走出去"。重点以汽车、化工、电子信息、生物医药等产业领域为重点,抓住一批带动性强、能够吸引配套上下游产业的项目,推进广州制造业向泰国、越南、印度尼西亚等国家沿线城市的梯度转移与配套合作。对于自然资源丰富、消费水平逐步提高并鼓励外资进入的越南、柬埔寨、老挝和缅甸,广州则可重点推动服装、家电、轻工与建材等传统优势产业,前往建立生产基地。鼓励到东盟国家建设产业园区、科技园区、经贸合作区等,通过专业化园区经营,整合各类生产要素,搭建产业合作平台,吸引国内企业入园投资,促进集中布局、集群发展。

2. 以中新知识城为重要抓手,强化同新加坡经贸合作

新加坡是东盟国家经济发展的第一梯队,是广州与东盟开展高层次经贸合作的重点。一是加快中新知识城建设,建成具有全球影响力的知识经济高地、建立中国—东盟创新中心和面向东盟的教育培训产业国家化示范区。二是积极推进高端产业招商。引导新加坡企业投资于高新技术产业、先进制造业、节能环保产业以及新能源产业,重点引进一批高端新型电子、生物制药、新材料、节能环保等项目,促进广州产业转型升级。三是鼓励新加坡大企业、财团,尤其是世界500强企业在广州设立研发中心、采购中心、地区总部和服务外包企业。

3. 创新企业"走出去"方式，积极参与东盟国家港口等基础设施建设

东南亚国家以发展中国家居多，社会、经济发展缺少资金支持，仅为实现中国—东盟互联互通所要完成的港口、铁路、电力等设施的建设，据估计东盟国家就需要多达 1 万亿美元的投资。一是鼓励企业以 BOT、PPP 等方式，开展境外铁路、公路、港口、电信、电力、仓储等基础设施投资，带动广州设备、技术、标准和服务"走出去"，加强互联互通，促进双方的经济合作及发展。二是加强东盟国家海上战略支点建设。鼓励国内有实力的企业"走出去"，结合远洋渔业、商船补给等需要，积极投资参与东盟重要商港、渔港的建设，以多种方式获得更多海外港口经营权，深度参与港口运营、航道维护、航线安全保障，推动建立海外合作中心和综合保障基地建设，推进海洋资源开发合作。

（五）深化和创新金融合作，拓宽金融合作领域

金融合作是 21 世纪海上丝绸之路建设的重要支撑。国家层面上，我国与沿线多个国家和地区签署了双边本币交换协议，与周边大部分国家签订了边贸本币结算协议，初步建立了跨境人民币业务政策框架。但是，沿线国家金融发展水平总体偏低，融资能力较差，金融组织体系和法律法规体系不健全，银行间结算渠道不通畅，跨境人民币清算效率亟待提高。

广州层面突破的重点主要有：推动金融领域创新与突破完善金融组织体系，加强金融基础设施建设的跨境合作，促进跨境贸易投资便利化；开拓适应国际市场的金融产品，改变企业跨国经营融资困难局面，完善对外投资的风险保障机制，增强海上丝绸之路金融服务和保障能力。可以金融合作创新为切入点，在粤港澳自贸区（南沙园区）内设立人民币离岸结算中心，在开放国际投融资、人民币资本账户可兑换、利率市场化、金融产品创新等方面先行先试。同时，不断拓展与东南亚金融市场合作的广度与深度，发展便捷、高效的跨境金融服务，推动人民币在东盟的自由流通，以此加快人民币的国际化。

五、广州21世纪海上丝绸之路建设的对策建议

(一) 加强组织保障

1. 成立工作领导小组,建立跨部门联动机制

为了更好地推动广州打造21世纪海上丝绸之路"排头兵"的战略构想,建议成立广州市"21世纪海上丝绸之路"建设工作领导小组,组长由市长亲自挂帅,副组长由主管副市长担任,成员由市发改委及外经贸、海洋渔业、交通运输、外事办、金融、文化、旅游、侨务等部门的相关领导组成,统筹协调全市建设"21世纪海上丝绸之路"的相关工作及重大问题。领导小组下设办公室,建议设在市发改委,负责相关规划、政策的制定及落实工作。

2. 主动参与国家和广东省的战略方案制定,争取常设联络机构设在广州

目前,国家发改委已基本确定将江苏、浙江、广东、福建、海南东部5省纳入海上丝绸之路范围,广州要力争成为海上丝绸之路的主导者和"排头兵",应积极主动参与国家和广东省关于海上丝绸之路战略构想总体设计和框架方案的制定。同时,积极推动成立由国家部委和相关地方政府共同参与的"海上丝绸之路"联席会议机制,并争取常设联络机构设在广州,由此建立广州与广东省、国家部委间,以及有关各省市间的部署联动机制,掌握合作的主动权。

3. 建立专家咨询委员会和广州21世纪海上丝绸之路研究中心

聘请国内外知名专家担任政府决策咨询顾问,建立广州建设"21世纪海上丝绸之路专家咨询委员会"。根据阶段性发展目标和遇到的问题,不定期举办咨询研讨会;建立专家协同工作模式,特别是加强与东南亚和南亚各国智库、研究机构之间的联系,充分吸收各方智慧。建议由广州市社会科学院牵头并联合海内外智库,成立"广州21世纪海上丝绸之路研究中心",开展关于广州市建设21世纪海上丝绸之路的现实性和前瞻性的系列研究,把广州建设成为海上丝绸之路的研究中心和交流中心,为市委、市政府的战略决策提供有力支撑。

（二）发挥规划引导作用

1. 迅速启动顶层设计和总体规划，编制相关规划、实施方案

由市发改委牵头，在宏观层面制定《广州市"21世纪海上丝绸之路"建设规划（2015—2020）》，在中观层面制定产业、文化、海洋生态保护等专项规划及具体的实施方案，形成有资金、政策、法律、管理支撑的广州"21世纪海上丝绸之路"战略体系，并力争将相关内容纳入国家、省的总体工作安排中。

2. 研制战略导向性产业政策，强化产业投向引导

立足广州实际，结合《珠三角地区改革发展规划纲要（2008—2020）》的实施目标，根据广州加强对外经贸合作的重点领域和重点国家和地区，制定有关规划、政策、确定投资行业、投资主体、投资方式及重点，出台《广州市对外投资合作国别地区产业指南》《广州市境外营销网络建设实施办法》等规划指引。对广州市企业未来五年对外投资合作意向，特别是对东盟国家投资合作的意向进行摸底和调查，建立项目信息库和重点项目联系制度，制定促进对外投资合作年度计划。制定招商产业规划，就重点产业、重点项目开展推介招商活动。

（三）强化政策支持

1. 梳理和制定境外投资相关政策

梳理国家和省制定的相关政策，为企业开展境外投资清除障碍，明显有碍境外投资的，要认真研究和协调省有关部门，提出变通办法，对不能变通的要积极向上反映，并争取尽快解决；对国家和省制定的各项优惠鼓励政策，要根据广州的实际研究制定具体政策和实施细则。目前，亟待研究制定以下政策：一是财政政策。政府应设立"企业境外投资补贴基金"，主要用于企业境外投资部分亏损补偿和政策性的贴息补助；进一步加大对外投资重大项目的前期费用和贷款贴息力度。二是税收政策。研究制定鼓励企业境外投资的税收政策，如对企业在海外发展业务可享受5年免缴所得税，在东盟国家投资科享受双重税收减免等优惠政策；对外投资企业汇回利润减半征税；进一步完善和优惠企业产品出口退税政策；对境外出口加工企业和出口加工基地、出口加工园区企业实行鼓励出口税收政策等。三是相关政策。外汇管理、海关、商检、技术监督、国有资产管理以及发改委、外经贸局的有关部门，研究制定和提出境外投资的相关优惠政策。

2. 加大金融信保支持力度

积极与国家开发银行、中国进出口银行、中国出口信用保险公司以及各商业银行建立政策协调会商制度，拓宽融资渠道，探索境外资产、境外应收账款、出口退税单等抵押融资方式，支持重点企业发行中长期企业债券、短期融资券。以政府为主导，企业为主体，在控制风险的前提下，探索建立面向企业对外投资服务的股权基金。发挥政府对出口信用保险费用的政策效用，引导企业用好出口信用保险。争取加大对外投资合作企业和项目的融资渠道，鼓励商业银行创新金融产品和服务方式，拓宽对外投资合作企业和项目的融资渠道。完善融资担保机制，探索对符合条件的企业提供融资担保的新方式，支持信保机构为企业提供境外投资项目保险和贷款担保，提升企业信用等级，提高企业的融资能力。

（四）完善外经贸公共服务

1. 提高对外经济合作信息服务水平

进一步加强政府对外经济合作信息服务水平。建立重点企业和重点项目联系制度，推动重点项目进展，协调重大项目利用股权投资资金的投融资创新机制，促成重大项目的实施。组织举办"走进东盟""走进南亚"等系列研讨会，邀请驻外使领馆经商机构、东盟各国驻穗领馆以及已对外跨国投资经营并取得成功经验的企业做投资经验介绍。联合有关国家驻穗总领馆、我驻外经商参赞机构建立信息服务平台，为企业提供市场、项目、风险防范等信息。开展专业培训和政策宣讲等活动，为企业提供金融、法律、知识产权保护，应对技术贸易壁垒等方面的支持。加强完善对外合作经济的统计工作，重点针对对外投资、对外贸易、对外承包工程和劳务合作的统计工作。

2. 完善广州海外经贸机构服务平台

依托广州在东盟、欧洲等地设立的海外经贸代表机构的服务功能，进一步拓展其服务水平，使之成为联系促进广州与境外双向投资贸易合作的桥梁。立足广州市优势产业和企业，有针对性地对全球经贸市场分布、结构、特点和发展趋势进行分析，对适应广州企业对外投资的重点地区、新兴市场进行海外经贸代表机构布点，形成比较完善的政府境外支持服务网络，为广州全面对外经贸合作提供全方位服务。

3. 积极培育海外中介服务机构

进一步理清政府和市场关系，充分发挥中介服务机构作用，自主和扶持重点的海外市场国家和中介服务机构和商会，为企业开展境外投资合作提供资信调查、信用评级、行业风险分析、国别信用管理等信息咨询及培训服务。加快培养对外投资企业的本土法律、会计、评估、投资银行等中介服务机构，为企业境外投资提供专业化咨询、权益保证等法律服务。发挥境内外商会、行业协会作用，为企业境外投资提供便利服务。

4. 强化建立海外风险风范体系

政府应强化防范对外投资风险，为广州企业"走出去"作出指引。加强对重点投资国或地区的政治、经济、社会、安全环境的研究和综合评估，研究建立评估指标体系，发布评估指数，提出非经营性风险预警提示，健全风险预警和信息通报制度，完善突发事件处理机制，做好安全监督和服务保障工作。合理引导对外投资企业加强与我国驻外领事馆、经商处的联系，加强中资机构和人员安全管理，指导企业做好预警、防范和安全生产，提高应对能力和水平，保障企业合法权益和人员安全。

（五）深化国际交流与合作

1. 利用广州国际友城合作和积极参加国际组织，拓宽对外经贸合作网络

目前，广州已与16个国际城市缔交友好合作交流城市关系，与32个国际城市缔交友好城市关系，与120多个区域性国际民间组织、国外友好团体（机构）建立了友好关系，并加入了世界大都市协会、世界经济论坛、世界城市与地方政府组织（UCLG）、亚太城市首脑会议等具有广泛国际影响力的世界性国际组织。广州要利用好已有的平台和关系，搭建国际经济合作平台，拓宽广州对外经贸合作网络。积极配合和接待高访代表团组，开展对外经贸交流合作活动，宣传推介城市发展和品牌；积极承接国家援外项目，推动广州城市国际化和企业开拓海外市场；充分利用友好城市、友好交流渠道、海外桥商组织等途径多方开展各类对外交流活动，继续加强与国（境）外政府投资促进机构，组织针对性强、符合企业需要的专场经贸推介会和交流洽谈活动，为企业对外投资合作创造机会，提供互动交流平台。

2. 建立港口、产业等专业联盟和企业合作联盟，拓宽非正式、跨边界的民间协作渠道

鼓励广州的港口、产业组织、协会组织与国内城市及 21 世纪海上丝绸之路的沿线国家和地区建立港口、产业、城市等专业联盟，定期举办"中国（广州）21 世纪海上丝绸之路"港口论坛、产业合作与发展论坛、城市市长论坛等活动，加强对接与互动，推动建立 21 世纪海上丝绸之路工商联谊会或企业合作联盟，有广州及 21 世纪海上丝绸之路沿线国家和国内省市的工商会、大型企业、各界友好人士等组成，通过定期举行投资合作交流会、项目考察、发行会刊、构建商务网站等多种形式，加强区域内企业的商机交流和项目合作。

（六）积极争取国家政策资源

1. 扩大管理权限

作为国家中心城市，广州的海上丝绸之路建设对于我国打破制衡，确立对周边地区特别是东南亚、南亚和南太平洋地区地位具有一定的作用和意义。但目前广州作为国家中心城市存在着权限与职责不相称的矛盾，即承担责任重大而获取国家政策支持力度较小。广州名为国家中心城市，但不是直辖市，也不是特区或计划单列市，所以不能直面中央争取政策或资源配置。这在很大程度上约束了广州发展、改革与开放的力度，这也不利于广州海上丝绸之路的战略实施。建议积极向中央政府申请享受计划单列市或经济特区权限，争取和其他四个国家中心城市相当的级别和权限。

2. 积极推进粤港澳自贸区申报

积极推进粤港澳自贸区申报，并推动与中国—东盟自贸区升级版的政策对接。在我国推进中国—东盟自贸区升级版中，参照跨太平洋贸易伙伴关系（TPP）的标准逐步提高中国与东盟自由贸易的程度，特别是要加快与东盟国家服务贸易方面的建设。广州应争取国家支持，结合正在报批的粤港澳自贸区方案，力争中国与东盟服务贸易方面的推进政策在广州先行先试。

3. 积极争取金融、教育等多方面的政策资源

广州应该在金融、教育等各个领域争取国家的政策支持。在金融领域方面，争取将中央赋予省的相关金融管理实权下放到广州，建立国家金融监督部门与省市政府间的监管协调服务机制。争取国家和省支持，建立适应金融中心建设需要

的金融财税体制,提高市级财政分成比例,用于支持广州金融业发展。争取金融创新的实验权,率先开展金融创先机制改革试点。在教育领域方面,争取国家允许广州率先放宽与境外机构合作办学权限,积极探索引进港澳和国外知名高校到广州开办分校,探索多种形式的办学模式和运作方式。在自主招生、课程设置、学位授予等方面给与更大的自主权。在其他领域方面,积极争取国家政策支持,允许广州重点口岸、重点经济合作区在口岸通关便利化,人员往来、加工物流、旅游等方面实行特殊方式和政策,探索实施对境外入境邮轮试行离岛退税,等等。

(七) 整合历史资源打造城市名片

1. 建立"中国海上丝绸之路文化中心"

利用广州是世界唯一的超过两千年长盛不衰的大港、千年海上丝绸之路发祥地和南方文化中心的优势,打造"中国海上丝绸之路文化中心"。整合广州与海上丝绸之路有关的20多处遗址,如十三行、西来初地、南海神庙等,统一开发利用,建设"海上丝绸之路起点博物馆""海上丝绸之路风情街""海上丝绸之路文化展示体验区"等,打响"中国海上丝绸之路发祥地"的品牌,使广州成为具有全球影响力的海上丝绸之路历史文化展示和交流中心。

2. 争取广州有更多的海上丝绸之路史迹列入"申遗"名单

目前,中国海上丝绸之路申遗的城市已经增加到了9个,广州市政府常务会议已经通过了《关于广州海上丝绸之路史迹申报世界文化遗产工作方案》,并已初步排出了"申遗"的具体时间表。广州已初步将南越国宫署遗址、南越王墓、光孝寺、怀圣寺与光塔、清真先贤古墓、南海神庙及明清古码头遗址等6处史迹点先行列入"申遗"的预备名单。建议广州市政府要紧紧把握这次"申遗"的机遇,经过科学论证,增加"申遗"的史迹点。同时,建议广州市政府也要尽快落实广州海上丝绸之路史迹"申遗"的工作方案,争取广州有更多的海上丝之路史迹列入世界文化遗产名单。

3. 积极组织以海上丝路为题材的精品创作

利用广州海上丝绸之路文化和历史故事,筹建海上丝绸之路网址,创作有广州特色的海上丝绸之路文化动漫作品、电视剧、歌舞剧、歌曲、图书、专题片、纪录片和其他文学作品,以各种各样的方式和媒介,创新海上丝绸之路文化的传播，擦亮海上丝绸之路的文化名片，进一步放大海上丝绸之路文化的国际传播效应。

（八）构筑与国际接轨的法制和政务环境

1. 构筑法制化的营商环境

构筑法制化的营商环境，通过建立稳定的法制体系，为建立更加透明、便利的国际化营商环境创造条件，推动广州在法治精神、信用意识、办事规则、商业制度等方面与国际通行规则紧密接轨。一是加快建立与国际惯例接轨的市场经济法律体系以及经济管理体制和运行机制，按照国际市场经济的运行规律和国际惯例促进市场经济的发展，使市场操作更趋透明、公平与公正。二是建立广州国际化的国际贸易争端预警和应对机制，应对贸易纠纷；引入国际商事仲裁先进制度，及时有效处理和化解商事纠纷。三是放宽市场准入，整顿规范实际中存在的垄断、规制、繁琐手续以及不合理的管理，着力为企业营造公平、公正的竞争环境。四是建立完善的知识产权制度体系。进一步完善符合国际规则的制度环境，重视知识产权的重要性，加强地方执法、完善规则、管理制度及其各项具体保护制度和惩罚措施，营造一个知识产权保护严格、市场竞争有序的良好环境。五是优化法制环境。加强地方法规建设，推动办事规则与国际准则接轨，建设更加规范的执法体系，提高公民的法治意识。

2. 优化政务服务环境

学习港澳等先进地区的政务服务标准和运行规则，探索制定符合国际管理的服务贸易、服务外包、对外投资、经济合作等优惠政策。创新政府管理方式，深化行政审批制度改革，简化行政审批程序，建立综合审批和高效运作的服务模式，不断完善信息网络平台，实现不同部门、不同办事窗口的协同机制。加强电子政务建设，大力推行和规范网上审批，进一步推进行政审批公开，将审批事项、审批程序、申报条件、办事方法、办结时限、服务承诺等在网上公布，实行网上公开申报、受理、咨询和办复。规范行政审批行为。在政府网站上公开审批的具体事项名称、设立依据、内容、申报材料、审批程序和办理时限，实行服务承诺制、首问责任制、限时办结制、一次性告知制和责任追究制，推行集中受理、办理，推动跨部门协同办理的"并联式"审批，提高审批效率。建立健全公共服务平台体系，搭建面向全国的贸易投资和促进服务平台。

（九）大力培养和引进国际人才

21世纪海上丝绸之路建设带来的新契机对广州人才国际化的数量和质量都提出了更高的要求，广州应加强国际人才培养和引进力度，着重培养和引进一批具有国际化视野的高端开放型经济人才，具有国际贸易与合作事务经验的实操型人才，熟悉双边、多边经济贸易商务谈判技巧，熟悉WTO国际经济运行游戏规则的资本运营、国际市场营销、现代人力资源管理等实操经验的各领域内专业人才。

1. 培养本土人才，招揽国内人才精英

一是与相关高校紧密合作，采取灵活务实的培养机制，培养多层次的人才。二是实施"中青年领导干部国际化培训计划"。选派一批懂外语、高素质的局级和处级的骨干人才到海外一流机构、国外著名大学、跨国公司、国际著名智库进行为期一年的境外学习和培训。为中青年领导干部到国际组织、区域国际经济合作挂职锻炼创造条件。三是以优惠的政策和灵活机制招揽国内各个行业的领军人物，注重培育与引进具有国际商务经验的企业家，充分发挥各类人才的积极作用。四是积极推进技术入股、管理人员持股、股票期权激励等新型分配方式，建立人才柔性流动机制，鼓励更多的高端人才向广州聚集，企业引进高级人才而产生的有关住房货币补贴、安家费、科研启动经费等费用，可依法列入成本核算。

2. 创新人才引进机制，引进国际化高端人才

一是重点吸引国际金融、航运、贸易、会展、经济等各个领域的国际高端人才。引进一批通晓国际规则、能够充当"领军人物"的国际商务经验领导者，精通外语、法律、计算机的复合型人才，以及法律、咨询、中介和会计等方面的高级专业人才，具有国际金融经营理念和从业经验的资产运营人才、高级经济、金融人才。二是启动"国际跨国公司人才合作工程"。与国际人才中介服务机构、国际猎头公司和国际人才培训机构等跨国公司合作，猎取在世界著名跨国公司、银行、投资银行任职的高管，集聚海外人才，培育国际人才。三是建设粤港澳人才合作示范区。制定各类吸引高层次、高技能服务业人才的配套措施，加强深港两地的信息交流和人才培训，营造良好、便利的工作和生活环境，加快形成与粤港澳服务贸易发展相适应的技能人才和创新人才培养体系。四是建立全球的国际人才网络，集聚广州在世界各地的海外移民。广州应该成立相关的机构，集聚海外华侨的力量，形成国际人才网络，吸引海外优秀人才助推广州海上丝绸之路建设。

第三章　21世纪海上丝绸之路与广州文化对外开放研究

21世纪海上丝绸之路建设是党中央总揽国家发展全局做出的重大战略部署，是全面深化改革、拓展经济发展空间、构建和平稳定周边环境和部署全方位外交新格局的迫切要求。加快推进21世纪海上丝绸之路建设，是广州服务国家总体战略的必然要求，也是广州进一步深化对外开放、增强综合竞争力的重要战略机遇。

海上丝绸之路是中国对外交往史上重要的海上通道，与其相关的中外贸易和文化交往盛极一时。广州作为古代海上丝绸之路的发祥地，枢纽性通商口岸的重要地位为千年商都的崛起奠定了基础，东西方文化在此碰撞融合并由此向内外扩散延伸，也使得广州成为中西交汇、引进输出并蓄的重要文化交往枢纽。21世纪海上丝绸之路建设的战略决策为古代海上丝绸之路赋予了新的时代内涵，在全方位对外开放的新格局下，要充分发挥国家中心城市作用，创新驱动发展，助推21世纪海上丝绸之路建设，广州必然要在辉煌历史上继往开来，继续发挥对外文化交流的重要窗口作用，进一步深化文化对外开放，重塑文化交往枢纽地位，为新时代的海上丝绸之路建设增添文化动力。

打造海上丝绸之路文化对外开放新枢纽，是广州加快推进21世纪海上丝绸之路建设的战略目标和重要任务。千余年的历史沉淀和人文资源、30多年来改革开放造就的经济社会发展基础以及兼容并蓄的城市格局，为广州建设文化对外开放新枢纽奠定了坚实基础；国家中心城市战略定位和世界文化名城建设目标，又对广州文化对外开放提出了更高要求。21世纪海上丝绸之路建设，为广州重拾文化交往枢纽地位提供了时代背景和大好机遇，广州有能力、有条件、有责任进一步扩大文化对外开放，打造新的历史时期下的文化对外开放枢纽。另一方面，以建设海上丝绸之路文化交往枢纽为中心，进一步深化文化对外开放，既是广州服务国家总体战略、助推21世纪海上丝绸之路建设的重要举措，更是广州因应发展需求，提升文化软实力、增强城市综合竞争力，充分发挥国家中心城市作用的必然途径和强大动力。

一、广州建设21世纪海上丝绸之路文化对外开放新枢纽的背景情况

（一）文化对外开放新格局

改革开放以来，我国文化对外开放从沿海到内陆、从局部到全面、从单一到多元不断深化推进，对外开放领域和内容不断拓展，从以文化交流为主转向文化交流与产品服务贸易并重，文化服务、资本、人才等资源要素的开放逐步加深；对外开放主体不断扩大，政府、企业、社会团体和个人多方参与，形成了多元联动的文化对外开放局面；差异化竞争日益增强，凸显地域文化特色的城市成为国家文化软实力竞争的重要代表。在建设21世纪海上丝绸之路的新时期，全方位、多层次、宽领域的文化对外开放新格局正在形成，广州作为国家中心城市和岭南文化中心，在进一步扩大和深化文化对外开放方面大有可为。

（二）文化对外开放新机遇

1. 文化引入：优秀文化资源输入汇聚

21世纪海上丝绸之路建设是我国拓展经济发展空间、构建世界经济新格局的战略之路，也是全面深化改革、扩大开放的发展之路。在此过程中，文化领域的开放合作深度和广度必然进一步扩展，为国际文化资源要素进入中国市场带来种种利好：体制机制性限制减少、输入渠道通畅、合作领域放宽等。中国巨大的文化消费市场必将吸引世界各地的文化商品、文化资源和文化人才集聚，广州作为对外开放前沿，也应成为优秀文化资源输入的前哨和汇聚集散的枢纽。

2. 文化输出：增加中华文化国际需求

当今世界政治经济舞台上，中国已崛起成为一支不可忽视的重要力量。随着中国文化软实力的日渐增强，国际社会对中国文化的热情与需求一路走高，"汉语热"即为其具体表现。随着21世纪海上丝绸之路建设的深入推进，我国的国

际影响力和中华文化的吸引力将进一步提升,世界各国对我国文化产品和服务的巨大需求将随之不断增长,均为深化文化对外开放提供了良好的发展机遇。广州作为千余年来中华文化传播和贸易输出的重要枢纽,在海上丝路建设的新时期,也将迎来重塑辉煌的良好契机。

3. 文化创新:中外文化交融激发创新

21 世纪海上丝绸之路是中国文化走向世界之路,中华文化与世界文化交流碰撞为文化创新提供了难得的机遇,也赋予相关的中心城市文化创新的历史使命。广州作为岭南文化中心,历来是吸收中西元素、创新发展多元文化的重要窗口,在海上丝绸之路建设的新时期,岭南文化兼容并蓄的优秀特质将再次使得广州能够带领中华文化融合创新,走出一条独具特色的文化发展之路。

(二) 文化对外开放新挑战

1. 国家竞争:发达国家强势的文化冲击

全球化背景下,发达国家的强势文化对其他国家的本土文化形成了较大冲击,对他国文化安全造成了一定威胁。在目前的全球文化格局中,中国文化的影响力尚属区域性,对外文化贸易还存在着巨大的贸易逆差,尤其是对欧美等发达国家的逆差更加明显。随着建设 21 世纪海上丝绸之路进程的加深,文化对外开放的扩大必然会引入更多外来的文化商品进入我国,抢占市场份额的要求,对中华文化的独立性、民族性带来挑战。

2. 区域竞争:内陆地区抢占开放前沿

随着全方位开放格局的形成,沿海地区的对外开放地理优势逐渐弱化,内陆地区城市逐渐崛起成为对外开放新高地,如吉林长春借东北亚博览会构建了与东北亚国家的合作平台,宁夏银川以"中阿博览会"打造中国向西开放平台,等等。各地对外开放交流平台经贸与文化并重,具有面向具体区域的较强针对性。相对而言,广州在文化交流合作打造平台上影响较小,曾经凭借沿海、毗邻港澳所形成的传统开放优势受到极大挑战。

3. 城市竞争:沿线城市竞争加剧

21 世纪海上丝绸之路战略构想提出后,沿线省市迅速响应、积极行动,力争发挥重要作用,例如广西提出以中国—东盟博览会为平台,海陆双线建设成为海上丝路新门户;福建提出要建设经贸合作的前沿平台、人文交流的重要纽带;

福州举办了21世纪海上丝绸之路市长（高峰）论坛，提出打造重要战略枢纽城市，等等。随着海上丝绸之路建设的逐步深化，沿海、沿线城市争夺发展国内外发展资源的竞争将更加激烈，广州尽管作为古海上丝路重要始发港有着传统优势，但是，在新开放格局中必须积极投入竞争中，才能抢占更有利的地位。

二、广州建设21世纪海上丝绸之路文化对外开放新枢纽的优势条件

（一）历史资源优势

1. 海上丝绸之路始发枢纽港

海上丝绸之路萌芽于秦汉，极盛于唐宋，绵延千余年，而广州则是贯穿海上丝路从始至终的重要始发港和主要枢纽港。从历史的角度来看，广州自古以来的"敢为天下先"的城市精神使得广州成为开辟古代海上丝绸之路的"前沿阵地"，此后又作为海外贸易和中外友好往来的枢纽中心、东西方物质文化和精神文明交融汇通的集散中心持续繁荣千余年。在建设21世纪海上丝绸之路的新时期，广州作为古代海上丝绸之路的发祥地，理应成为新海上丝路建设第一线，发挥历史资源优势，继往开来、创新开拓，承担起引领丝路沿线城市的历史使命。

2. 中西文化融汇交流窗口

海上丝绸之路不仅是对外贸易通道，更是文化交流合作的开放之路。伴随着海上丝路的日渐繁荣和人员往来的日益频繁，广州作为重要的始发港，在经济交往的同时逐渐发展成为中西文化融汇交流的窗口和集散传播中心。经由广州的物质文化交流内容丰富、影响深远，中西思想文化、饮食文化、科技文化、语言文化以及文学艺术等在此融合集散。中华文化与印度文化、罗马文化通过海上丝绸之路编织的交流网络接触交汇、相互沟通，广州则正是这条东西文化交流之路上最重要的枢纽港口城市。

（二）地理区位优势

广州是中国的南大门，有通达东北印度洋、南亚次大陆国家的最短航路，到达印度洋西岸、非洲国家的最近距离，到达西亚和欧洲、实现海上丝绸之路与陆

上丝绸之路对接的最便捷通道。优越的地理区位优势使得广州在历史上取代其他城市成为海上丝绸之路的始发港，并作为重要的对外贸易港口繁荣千年，在21世纪海上丝绸之路建设中，广州的区位优势同样明显、综合服务中枢地位突出。广州是国家中心城市、华南经济圈和中国—东南亚区域的中心，是南中国最重要的海陆空交通枢纽，对内辐射华南以及西南、中南部分地区，对外在中国与东盟、环印度洋南亚地区以及西亚、非洲的经济文化往来中扮演关键角色。与其他丝绸之路沿线港口城市相比，广州拥有不可比拟的地缘优势和发展潜力。

（三）人文资源优势

1. 海上丝绸之路文化开放基因

海上丝绸之路的兴起和发展，造就了岭南地区悠久的经商传统和频繁的对外交流，以开拓创新、平等互利、文明包容、和平发展为内核的海上丝绸之路文化，促进了以广州文化为中心的岭南文化开放性、兼容性、重商性和反传统性等特质的形成。在此影响下，广州的经济、文化和社会发展都贯穿着开放的人文意识，反映着兼容、改革和创新的观念，形成了开放包容、兼容并蓄的城市格局。海上丝路带来的开放风气和进取精神，不仅让广州以"商都"的姿态繁荣千余年，更在改革开放时期领全国之先，扮演着对外开放窗口的重要角色。海上丝绸之路的重新启动为广州带来了开放发展的又一次历史机遇，继承了海上丝路文化开放性特征的岭南文化将再一次迸发活力，为广州再度引领沿线港口城市、建设海上丝路文化对外开放新枢纽注入强大动力。

2. 华侨华人资源

伴随着对外贸易和文化交流的兴盛以及航海技术的发展，前往海外谋生的广州地区居民日渐增多。经过长期发展，海外华侨华人数量快速增长，实力逐渐增强，成为所在国家和地区重要的社会力量。目前，广州有海外华侨华人超过一百万，是全国华侨最多的城市，而华侨文化是广州文化的重要组成部分。华侨华人在所在国拥有广泛的社会关系资源、经济资源、政治资源、人才资源和信息资源是广州发展和促进与丝路沿线国家交流合作的宝贵资源；穗籍华侨华人与广州人民之间基于相同的语言和文化认知形成的粤语文化圈，是广州文化对外开放的有利条件。因此，发挥海外侨胞资源优势参与海上丝绸之路建设，是广州特有的、沿线其他城市无可比拟的强大优势。

（四）政策资源优势

1. 对外开放窗口地位

广州是最早实施改革开放的城市之一，被誉为我国对外开放的窗口，对外开放政策优势明显。作为世界最大规模的商品交易会之一的中国进出口商品交易会（"广交会"），从20世纪50年代至今一直在广州举办，极大地提升了广州的对外开放度和国际影响力；2010年广州成为全国5个国家中心城市之一，引领、辐射和集散功能获得了国家层面上的肯定和支持；2012年南沙新区成为新一批国家级新区，粤港澳全面合作国家级新区和珠三角世界级城市群新枢纽建设将极大推动广州进一步对外开放；2013年8月1日起成为国内第三个实行72小时过境免签政策的城市，为广州打造国际航空枢纽、建设国家中心城市创造了有利条件。从政策资源积累来看，广州优势明显，在海上丝路沿线各港口城市中地位突出。

2. 文化体制改革成果

广州作为全国最早的试点城市之一，早在2003年就开始实施文化体制改革，2008年又出台《关于继续解放思想、深化文化体制改革、推进文化事业和文化产业加快发展的决定》，进一步加大文化体制机制改革力度，实施了多项文化事业单位改革方案。经过多年努力，广州文化体制改革取得了重大突破，2009年被授予"全国文化体制改革先进地区"称号，文化宏观管理体制和微观运行机制改革成效显著，为文化进一步对外开放奠定了良好的政策基础。

三、广州建设21世纪海上丝绸之路文化对外开放新枢纽的发展基础

（一）人文交往资源网络基本形成

对外人文交往是文化对外开放的一个重要组成部分，以文化为载体开展国际交流合作，一方面有助于国际社会全方位深入了解广州经济社会发展建设的情况，形成有利于发展的国际氛围；另一方面多样化的交往渠道和平台，能为广州深化参与国际竞争合作争取发展资源和机遇。

1. 对外文化交流拓展

一是项目和主题呈现多样化的发展趋势。交流主题主要有演出、版权、文物、展览、体育赛事、学术和民间活动等，交流项目则包括歌舞、戏曲、杂技等传统民间艺术、国家及省市获奖的精品文化艺术、有海内外影响力的文化产品等。二是对外交流的区域不断拓展，从早期集中在港澳台地区逐步扩展到东南亚和北美、欧洲，近年来又走向非洲、南美等地区，演艺团体出访、文博展览、体育赛事等对外交流已覆盖世界五大洲各主要国家和地区，形成了覆盖广、形式多、层次高的交流格局，为文化对外开放新枢纽建设开拓了广阔的发展空间。

2. 对外人员交往频繁

对外人员交往是促进城市文化传播与交流的重要力量。以文化为载体，依托各种交流活动的国际人员往来频繁，推动广州成为文化人才汇集聚散的交往中心。据不完全统计，2010年广州对外文化交流项目达到88个、826人次，2013年来穗参加文化活动的有来自20多个国家和地区的艺术团368个、上千人次。此外，日益活跃的民间文化交流极大带动了人员往来，2012年入境外国游客高达200多万，常住外国人口有3万多人，广州建设文化对外开放新枢纽具备了良好的人力资源基础。

（二）文化产品资源进出不断增长

文化产品的生产和对外贸易是一个国家的文化生命力、文化影响力和文化话语权的外在表现，文化产品和文化服务进出口的活跃程度直接体现了文化对外开放的成效与进程。近年来广州文化产业规模不断扩大，逐步发展成为全市的支柱产业，广州文化产品资源进出不断增长：2012年文化产品进出口额达136.14亿美元，比上年增长8.5%；从贸易品类来看，图书报刊、音像制品和电子出版物等文化产品的国际市场竞争力不断增强，动漫网游等产品的对外输出取得新的突破。文化服务进出口逐年增长，2013年贸易额为4390万美元，其中出口1446万美元，进口2944万美元；出口国家和地区包括巴西、中国香港、英国、美国和日本等，呈现出多元化的发展趋势，并产生了一批具有品牌效应的文化服务项目。对外文化服务业的快速发展也吸引了国际资本的积极关注，2010年全市文化、体育娱乐业实际使用外资达5373万美元，比上年增长7.624倍，为进一步推动广州对外文化服务输出提供了坚实的基础。文化产品资源进出口的持续增长，在为广州开放型经济发展做出贡献的同时，促进了广州文化对外拓展优势的不断扩大。

（三）文化信息对外传播初具成效

以对外文化宣传、城市形象推广等内容为核心的文化信息对外传播，是扩大文化影响力和辐射力的主要途径，增强文化竞争力、提高文化软实力的重要手段。

1. 国际大都市形象基本确立

相关研究表明，亚运会后广州的国际知名度大幅提升，城市国际化发展水平获得较大提升，已处于全球城市网络体系中的区域性国际城市位置。2012年进行的一项针对"外国人眼中的广州形象"调查研究显示，广州"现代化国际大都市"的城市形象已经确立，"国际商贸中心"的城市定位获得较一致的肯定，文化信息对外传播工作成效初现，为广州建设21世纪海上丝绸之路文化对外开放新枢纽、吸引集聚各种文化资源，创造了有利的国际发展环境。

2. 对外信息传播平台日趋多样

在传统的新闻媒体平台之外，积累了一批具有广州特色的对外信息传播平台和品牌资源，一是广交会、留交会、"广州国际城市创新奖"等集聚大规模人流、信息流、能量流的重大活动平台；二是由传统节庆升级而来的城市文化品牌资源，例如"迎春花市"、"菠萝诞"等；三是整合境外媒体资源打造的文化传播平台，例如收购北美地区华语电视天下卫视开设粤语频道输出节目等。信息传播既是对外开放的内容也是取得成功的条件之一，日趋多样、不断创新的对外文化信息传播平台，为广州建设文化对外开放新枢纽提供了良好的支撑条件。

（四）城市外交资源创新发展

城市文化外交是近年来兴起的以文化为纽带的城市外交形式，是文化对外开放的重要表现形式。广州积极抓住城市外交发展的良好机遇，勇于创新，积累了丰富的城市文化外交资源。

1. 对外交往资源优势明显

一是国际友好城市资源，32个遍布五大洲的友城、16个友好合作交流城市及友好城区、友好单位，为广州文化对外交往新枢纽建设打造了良好的国际交往网络基础。二是领馆资源，当前驻穗领事馆已达49家，在国内同级城市中遥遥领先，领事馆掌握汇集该国企业、资金、科技、人才等丰富信息与资源，是广州建设文化对外开放新枢纽需要充分利用的独特资源。

2. 对外交往平台创新发展

近年来广州集中力量建设对外交往平台，一是国际组织平台，在世界城市和地方政府组织（UCLG）和世界大都会协会这两大具有广泛国际影响力的国际城市联盟组织中，广州已进入核心决策圈，获得了更稳固的主导地位和更充分的话语权；二是国际奖项活动平台，通过设立广州国际城市创新奖，将城市多边交往形式常态化、机制化，打造继广交会、留交会之外的又一个高规格的对外交流合作战略平台。对外交往平台的创新发展，是广州扩大文化对外开放特有的资源优势，在此基础上发挥广州文化枢纽作用将会事半功倍。

四、广州建设21世纪海上丝绸之路文化对外开放新枢纽面临的问题

（一）机制端：缺乏统筹整合

文化对外开放包括对外文化交流、对外文化贸易、对外文化宣传和城市文化外交等不同维度的工作内容，涉及多部门、多主体，内容业务繁多，统筹难度大。从当前文化对外开放工作现状来看，尚处于活动与资源分散、部门之间各自发展的局面，各部门均在针对21世纪海上丝路建设目标制定工作计划，虽然各部门工作各有侧重，但从文化对外开放全局来看，不同主体各自为政，缺乏总体规划和有效统筹，易导致文化对外开放的具体工作方向不一，缺乏系统性进而影响有效性；力量分散、重复建设，文化对外开放缺乏合力，急需资源共享与整合。此外，推进文化开放的各项政策措施在政策效率、政策间关联协调和政策投入方面存在不足。整合现有资源与政策法规，不断进行体制机制创新，是适应21世纪海上丝绸之路建设的发展需求，从机制端推进广州文化对外开放新枢纽建设的首要任务。

（二）产品端："走出去"竞争力不强

广州文化产品和服务"走出去"发展迅速，但其规模及影响和世界文化名城的建设目标，以及广州的国际地位还不相称，具体表现为：一是文化企业整体实力不强，出口规模小、水平不高，缺乏具有世界影响力、掌握国际文化话语权的企业集团。二是文化产品和服务竞争力不强，具体表现为产品较为低端，自主品牌较少，技术含量不高，文化传播带动能力有限。三是文化对外贸易范围不够广泛，尤其是与海上丝绸之路沿线国家和地区的文化产品和服务贸易往来不多；结构不尽合理，广告、出版、传媒、演出、文艺会展等产业"走出去"步伐较慢，交流平台布局较少，未能形成对全方位文化对外开放的有效支撑。四是由于价值观和文化差异的障碍，文化对外输出的消费群体较多集中在华人群体，消费和文化受众面狭窄，缺乏广泛的国际认可。当前广州文化产业"走出去"竞争力不强、国际认可度不高，影响了广州文化对外开放新枢纽建设的深化发展，制约了广州助力21世纪海上丝绸之路建设。

（三）主体端：市场和社会参与不足

要形成全方位、多层次的文化对外开放格局，需要政府之外多主体的充分参与。当前广州文化对外交流合作项目逐年增多，但总体上仍以政府主导下的交流合作项目居多，企业和社会力量参与不足，具体表现为对外交往仍以政府部门为主体，企业和民间团体、个人等社会力量参与较为薄弱；文化输出行政手段主导的方式居多，通过市场机制、依靠市场力量输往国外地区的产品和服务项目不多，商业化程度较低，市场运作手段较为落后；支持资金大多来自政府财政，企业投资和社会力量参与程度不高等。建设21世纪海上丝绸之路要求加强全方位的对外经济与人文交流，要进一步深化开放，打造文化对外开放新枢纽，就需要在政府主导之外，强化市场导向，突出企业主体，鼓励社会各界多方参与，培育和发展内生性文化发展动力，提升广州文化对外开放效能和国际竞争力。

（四）策略端：营销推广亟须创新

从广州文化对外开放实际工作来看，市场营销、策划推广手段较为落后，文化"走出去"市场营销意识不强、能力不够、渠道不足、人才缺乏、中介不发达,导致了文化产品和服务重内容品质、轻包装推广,市场竞争力大打折扣;本土文化精品和展演活动缺乏有效运作模式与渠道,"走出去"困难多,难以取得预期的经济和社会效益;城市对外宣传推广成效不高。另一方面,当前营销推广策略尚存改进空间,需要做好调查研究,根据国外不同的文化环境和受众对象,调整适用不同的文化载体和表达方式,减少国际交流的语言和理解障碍,在不同文化和价值观之间架起沟通的桥梁,才能夯实进一步扩大深化文化开放的发展基础,为广州文化对外开放新枢纽建设赢得国际认同。

(五)载体端:平台资源有待挖掘发挥

广州目前已具备一批有较大影响力的文化交流交往平台,然而在利用效能上,平台资源的作用仍有待进一步挖掘和发挥。首先,尚未形成常态化的文化开放平台,对外交流交往以主题式、集中式、运动式的展演和节庆交流为主,政府导向较强,文艺团体、文化企业等缺乏日常业务的对外交流平台,与演出代理机构合作大部分仅限于剧团独立联系,国内外巡演相对较少,比较难形成常态化、规模化的文化影响和辐射。其次,平台资源的文化交流功能尚未得到充分利用,例如广交会作为广州最具国际影响力的国际交流平台,其城市文化交往和宣传推广功能一直未能得到充分发挥;国际城市创新奖是一个全新的多边国际交往平台,如何深入利用其进行文化对外传播、设置文化议题、扩大广州文化话语权,仍有待进一步研究与发掘。建设21世纪海上丝绸之路的任务迫在眉睫,要加快打造文化对外开放新枢纽,助力海上丝路建设,需要深挖资源,综合利用、创新利用好现有的对外开放平台,使其承担更多文化对外交往功能与责任。

(六)人才端:支撑引领作用欠缺

人才是推动先进思想和优秀文化的创造者、传播者和应用者,是文化对外开放的重要支撑力量。加快文化事业发展,打造文化对外开放新枢纽,广州面临着人才方面的诸多挑战:高层次文化人才较为缺乏,具有代表性、引领性的领军人物不足;复合型人才、新媒体人才、国际化和创新型人才短缺;部分领域后备力量不足,人才梯队建设问题突出等。人才端的种种限制性因素,导致了将本土文化资源转化为民族文化产品和品牌并加以传播的创意、生产和资源整合方面的短板,限制了广州文化产业竞争力、文化国际表现力和传播力的进一步发展。

五、广州建设 21 世纪海上丝绸之路文化对外开放新枢纽的总体思路与发展路径

（一）总体定位：21 世纪海上丝绸之路文化对外开放新枢纽

紧抓建设 21 世纪海上丝绸之路的重大历史机遇，立足发展基础，充分发挥广州的历史优势、区位优势、人文优势和政策优势，打造 21 世纪海上丝绸之路文化对外开放新枢纽，吸收和传播一切有利于文化建设的有益经验，有利于丰富人民文化生活的优秀文化成果，有利于发展文化事业和文化产业的理念和机制，推动国际文化产品交易、文化资源配置、文化人才汇集、文化外交开展和文化创新发展，丰富岭南文化内涵，加快世界文化名城建设，助推中华文化走向世界舞台。

1. 国际文化产品交易中心

发挥千年商都的优势，加快文化贸易的体制机制改革，打造中外文化产品交易中心。积极争取文化对外贸易的进出口权下放，先行先试开放引进更多外来文化产品和服务落地，并通过广州走向全国。积极搭建文化产品的对外交易平台，扶持文化贸易中介机构，助推中国优秀的文化商品走向世界。注重提升文化贸易中文化服务的比重，积极把握以服务外包、服务贸易为转移的世界产业结构调整的机遇，大力发展文化服务业，加快文化服务外包发展，积极打造文化服务外包示范区。

2. 国际文化资源配置基地

把握版权、产权、设计、资本、技术、人才等各种形式的文化资源跨国流动日益频繁的趋势，打造国际文化资源进入中国，以及中国文化资源走向世界的重要基地，为各种文化要素和资源的流动创造良好条件。争取中央支持建设开放外资进入文化领域的综合改革试点城市，逐步尝试放宽各项限制，成为吸收和利用国际文化资本的先行区。积极完善配套支持服务，为推动中国优秀文化资源走向世界提供有力支撑。不断提升在世界城市体系中的辐射能力和对全球文化资源的配置能力，以优质的服务吸引各国文化要素以广州为基地进行交流和配置，为推动国际间文化交流作出积极贡献。

3. 国际文化人才汇集港湾

继承在历史海上丝绸之路中汇聚各国英才的历史优势，发扬开放包容的城市特色，吸引各国优秀文化人才来广州创作与创业，打造国际文化人才汇集港湾。充分利用"留交会"的品牌，打造国际文化人才进入中国的门户。发挥城市魅力，探索改革外国人管理机制，积极解决跨文化交流和多样性文化碰撞问题，营造良好的生活和创作环境，吸引更多国际优秀文化人才落户于广州生活、创作以及开展创业活动。充分利用国际智力支持，推动国内外优秀文化人才的交流、对话与合作，共同创作更多具有国际水准的优秀文化产品和作品走向世界。

4. 国际城市文化外交平台

发挥友好城市网络和国际组织等文化外交资源优势，构建国际城市文化外交平台。优化"友好城市—友好城区—友好单位"立体化国际交往网络平台，以城市友好关系为桥梁，以人文交流为先导，促进产品、服务、人才和技术等文化资源要素城际流动；以世界城市和地方政府组织框架下"广州国际城市创新奖"的深化发展和建设世界大都会协会亚太地区总部为抓手，创新国际组织多边交往平台，以增强广州汇集国际城市外交资源的凝聚力、引领亚太城市发展的领导力为核心，促进广州软实力的不断提升和国际影响力的不断增强。

5. 国际文化创新示范城市

完善区域创新支持体系，吸引创新人才和新型企事业单位，鼓励在文化业态、文化内容、文化传播等领域不断创新。积极推动文化与科技、金融、商贸、旅游等领域的融合与创新，探索在新的经济、技术、商业条件下文化新业态的发展。积极尝试新风格、新内涵、新形式，鼓励创作具有时代特征、岭南风格的中华文化精品。充分利用新媒体、新渠道、新平台，探索文化对外开放与合作的新模式，不断提升文化对外开放水平和效益。

（二）发展路径：构建文化开放合作三大圈层

21世纪海上丝绸之路建设的深入推进，为广州文化对外开放创造了十分重要的战略机遇。围绕建设文化对外开放新枢纽的目标，积极拓展对外文化合作发展空间，强化世界文化名城文化聚集和辐射功能，以文化产品交易、文化资源配置、文化外交、文化人才汇集和推动文化创新为重点，以友好城市和友好合作交流城市为依托，加强与海上丝绸之路沿线国家和地区的文化交往、产业合作和城市间友好往来，构建文化开放合作三大圈层：

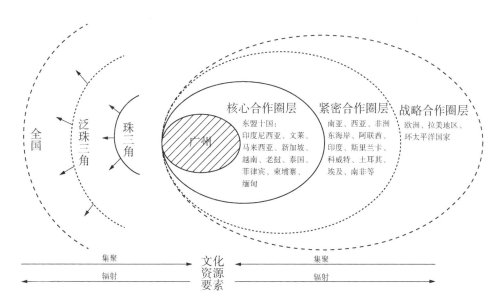

图 3-1　广州构建文化开放合作圈层

1. 构建核心合作圈层

服务国家战略发展重点，发挥地缘优势、人文优势和文化亲缘性优势，根据城市文化功能互补、产业互补和资源互补的客观现实，发挥国家中心城市功能，与新加坡、文莱、马来西亚、泰国、印度尼西亚、菲律宾、缅甸、柬埔寨、老挝和越南等东盟国家主要城市建立起全面的文化合作伙伴关系（见表 3-1），以人文交流为先导，以文化产品服务贸易为引擎，以文化创意和创新为动力，以文化人才互换互动为辅助，建设文化合作核心圈层，加强与圈层内各城市之间的文化合作与融汇联动，加快聚集文化资源要素聚集与辐射，增强广州文化开放合作枢纽功能与地位。

表 3-1 核心合作圈层国家

经济发展状况	国家	文化往来活跃度		
		人文交流	文化外交	文化贸易
第一层次	新加坡	高	低	高
	文莱	低	低	低
第二层次	马来西亚	中	低	中
	泰国	中	高	中
第三层次	印度尼西亚	中	高	中
	菲律宾	中	中	中
第四层次	越南	中	高	低
	缅甸	低	低	低
	柬埔寨	低	中	低
	老挝	低	低	低

注：①经济发展状况：以人均经济收入划分，四个层次分别为 > \$20000、\$4000～8000、\$1500～4000 和 < \$1500；
②文化往来活跃度：分别以2004—2013年来文化对外交流出访情况、友城和友好合作交流城市关系、相关贸易额为标准进行划分。

2. 建立紧密合作圈层

完善海上丝绸之路文化对外开放新枢纽体系建设，增强广州文化竞争和辐射能力，与位于南亚、西亚和非洲东海岸地区的印度、斯里兰卡、阿联酋、科威特、土耳其、埃及、南非、肯尼亚等国家和地区的主要城市建立紧密合作关系（见表3-2），在人文交流、友好往来的基础上，开展文化产业合作和文化人才交流，促进文化资源共享与流动，推进文化合作互利共赢，进一步提升广州文化对外开放的影响力和辐射力。

3. 拓展战略协作合作圈层

依托世界文化名城的国际影响力，以服务广州对外开放合作需求为目标，与欧洲、拉美地区环太平洋国家的主要城市建立起人文交流、文化贸易和产业合作、文化外交等多领域的文化合作关系，以人文交流、友好往来为先导，拓展战略协作关系，完善文化对外开放网络，为广州全方位的对外开放创造有利的人文发展环境。

表3-2 紧密合作圈层主要国家

国家	文化往来活跃度		
	人文交流	文化外交	文化贸易
印度	中	低	中
斯里兰卡	中	高	低
阿联酋	低	高	低
科威特	低	高	低
土耳其	中	高	中
埃及	低	中	低
南非	中	高	低
肯尼亚	低	低	低

六、广州建设21世纪海上丝绸之路文化对外开放新枢纽的战略重点

(一) 重点城市（见表3-3）

1. 首都城市

首都城市往往是一个国家的行政和文化中心，是该国最重要、最具影响力的城市，集聚了强大的政治和文化资源。加强与海上丝路沿线国家首都城市的文化交往，是提升广州在该国知名度、促进广州文化本地传播的最直接途径，例如肯尼亚首都内罗毕是非洲最大城市之一，也是联合国人居署等许多重要国际组织总部所在地，与之加强文化交流和联系，能够快速有效地提升广州在东非乃至整个非洲的国际知名度。同时也要看到，基于城市国际交往的对等性、城市特质配合度等因素，与其他非首都的重要城市进行文化交往常常更能产生实效。

2. 友好城市

友好城市历来是广州开展对外经济文化交流合作的重要依托，在广州对外交往中发挥着桥梁中介的关键作用。构建文化开发合作三大圈层，要以友好城市和友好交流合作城市为节点，挖掘友城文化资源、深化务实合作，打造广州文化对外开放的支撑网络体系。尤其是要加快对东盟国家发展友城关系，抢占文化外交

资源先机,以缔结友好关系带动经济文化等全方位合作。

3. 古海丝历史文化城市

加强与具有丰富历史文化遗产的古海上丝绸之路沿线城市,例如越南会安、马来西亚马六甲、印度尼西亚三宝垄等城市的文化交流与合作。这类城市作为古海上丝路的重要港口,与广州之间的往来历史悠久,受岭南文化、中国文化影响较深,具有与广州开展友好合作的深厚人文基础,可发展成为广州对外人文交流、文化旅游、侨文化合作等工作的前沿阵地。

4. 侨资源城市

华人华侨资源是对外交往的重要桥梁,也是中国文化对外输出的重要开拓者、承载者和维护者。与具有丰厚华人华侨资源的城市开展友好合作,是广州在海外快速打开文化对外传播局面、开拓合作交流网络的有效路径,尤其是东南亚地区,穗籍华侨华人数量众多、基础深厚、资源广阔,要积极以这些城市为依托,加大广州文化对外输出力度,提升广州城市软实力。

表3-3 广州文化对外开放重点合作城市

圈层	国家	首都	友城关系		古海丝历史文化城市	侨资源城市
			友好城市	友好合作交流城市		
核心合作圈层	新加坡	新加坡城	—	—	—	—
	文莱	斯里巴加湾	—	—	—	马来奕市
	马来西亚	吉隆坡	—	—	马六甲	怡保
	泰国	曼谷	曼谷	—	—	—
	印度尼西亚	雅加达	泗水	—	三宝垄	—
	菲律宾	马尼拉	—	马尼拉	—	宿务
	越南	河内	—	胡志明市 平阳省	会安	—
	缅甸	内比都	—	—	—	仰光
	柬埔寨	金边	—	金边	—	—
	老挝	万象	—	—	—	—

续上表

圈层	国家	首都	友城关系		古海丝历史文化城市	侨资源城市
			友好城市	友好合作交流城市		
紧密合作圈层	印度	新德里	—	—	—	加尔各答
	斯里兰卡	科伦坡	汉班托塔区	—	科伦坡	—
	阿联酋	阿布扎比	迪拜	—	—	—
	科威特	科威特城	科威特城	—	—	—
	土耳其	伊斯坦布尔	伊斯坦布尔	—	—	—
	埃及	开罗	—	亚历山大	亚历山大	—
	南非	比勒陀利亚	德班	—	—	约翰内斯堡
	肯尼亚	内罗毕	—	—	—	内罗毕
战略合作圈层	西班牙	马德里	—	巴塞罗那	—	—
	葡萄牙	里斯本	—	科英布拉	—	—
	意大利	罗马	—	米兰	—	—
	智利	圣地亚哥	—	圣地亚哥	—	—
	墨西哥	墨西哥城	—	墨西哥城	—	—
	巴西	巴西利亚	累西腓	—	—	圣保罗
	阿根廷	布宜诺斯艾里斯	布宜诺斯艾里斯	—	—	—
	秘鲁	利马	阿雷基帕	—	—	—

(二) 重点领域

1. 文化创意与设计

文化创意与设计服务与相关产业是文化新兴产业之一，也是我国文化产业重点发展的领域之一。2014年3月，国务院印发了《关于推进文化创意和设计服务与相关产业融合发展的若干意见》，提出要强化文化创意和设计服务的先导产业作用。从广州当前发展情况来看，文化创意和设计服务业发展与北京、上海、深圳等地相比仍有一定差距，在文化对外开放新形势下，可利用广州面向东南亚开放合作优势，加强与新加坡、泰国等创意产业发达地区在设计、广告、视觉和环境艺术等领域的合作，通过项目开发、创意设计园区建设、创作基地和人才培训引进等形式，提升广州工业设计和文化创意水平，提升广州文化制造业和服务业的创新力和竞争力。

2. 文化传媒

文化传媒领域包括了新闻出版、广播影视及网络等多种媒介，是传播信息、交流文化的重要渠道，对于提升城市软实力、打造良好国际舆论环境具有意义。目前广州已形成一批具有较大影响力的传媒企业，开展对外合作基础良好，例如广州日报报业集团已成为国内领先的全媒体发展平台，其品牌价值2013年达到165.68亿元，在中国报业品牌中位列第二[①]；同时，广州加快文化传媒业"走出去"，也具有粤语的语言文化优势和庞大的华语华人华侨市场资源。2014年8月，中央全面深化改革领导小组第四次会议审议通过了《关于推动传统媒体和新兴媒体融合发展的指导意见》，强调要打造一批形态多样、手段先进、具有竞争力的新型主流媒体，建成几家拥有强大实力和传播力、公信力、影响力的新型媒体集团。21世纪海上丝绸之路建设为广州加快实现这一目标提供了良好契机。要在充分利用广州海外传统资源优势，开拓海外粤语、华文市场的基础上，加强与各国尤其是新加坡、马来西亚、泰国、印度尼西亚等东南亚国家的主流媒体和强势企业在经营、内容、技术和人才等方面的全方位合作，促进广州本土企业跨区域、跨行业发展成为具有国际影响力的媒体集团，扩大广州文化在华语世界的传播力和话语权。

3. 文娱演艺

文娱演艺活动是文化对外交往的主要方式和文化产品服务输出的重要内容，对于增进城市友好往来、传播城市文化和塑造国际形象具有重要作用。目前，广州的对外文艺交流活动主要集中在欧美等地发达国家，与海上丝绸之路沿线国家的交流合作较为缺乏。要本着扩大文化对外影响、提升广州海外知名度的目标，以建设和深化友好关系为核心，加强与东南亚、南亚国家，尤其是加强与缅甸、斯里兰卡等具有国家战略意义的国家，以及印度、菲律宾、印度尼西亚等与我国

[①] 参见《2013年中国500最具价值品牌排行榜》，世界品牌实验室，http://www.ce.cn/culture/gd/201306/27/t20130627_24519002.shtml。

偶有摩擦的国家的文化交流，以文娱演艺为先导，促进两国人民在加深了解、缔结友谊中开展进一步深入合作。

4. 文化旅游

旅游业是服务业支柱产业之一，对城市经济发展、文化输出和品牌形象建设的贡献突出。广州面向海外开展文化旅游业具有良好发展基础：深厚文化历史沉淀和人文传统对海外华人华侨群体具有强烈召唤力，发达的商贸业对亚洲国家居民极具购物消费吸引力，拥有便利的地理位置和海陆空立体国内国际交通网络等。广州社科院2012年开展的一项调查显示，来自东南亚、西亚和非洲地区的外国人对在广州购物消费比景点观光更感兴趣，要面对海上丝路沿线国家扩展文化旅游，宜采取适应其旅游偏好和需求，将商贸与文化结合起来进行广州旅游推介的策略，在促进文化旅游业经济效益的同时，扩大广州国际商贸中心、世界文化名城等城市形象的国际影响。另一方面，要加快广州旅游企业和资本"走出去"，加强与沿线国家旅游企业合作，将广州打造成为海上丝路沿线国家居民的重要旅游目的地，通过人员引进来，促进对广州城市发展的了解和广州文化的对外输出。

（三）重点平台

1. 广交会平台

一是利用广交会汇聚各国客商的传播媒介优势，打造广交会城市营销平台。历史上海上丝绸之路的往来客商曾作为文化使者在促进东西方文化交流融合中起到了重要作用。针对来穗外国人的一项调查研究表明，全球化、信息化的当今社会中，人际传播仍是外国人认识和了解广州的主要途径[①]。因此，要充分发挥来穗外国客商在对外传播中的媒介作用，以点对点人际传播策略提升广州的海外知名度和美誉度。推动制定"广交会营销广州"计划，结合不同时期城市发展重点和热点，设置推介主题，整合全市旅游、展演、餐饮、购物等文化资源，针对来穗客商行程紧凑、时间有限等特点，开展定制式城市观光、美食体验、购物游、演出展览等活动，为以商贸为主的广交会增添文化元素，将广交会打造成为广州城市营销推介平台。二是推动广交会创新发展，增加和扩大文化产品参展范

---

① 参见广州市社会科学院《外国人眼中的广州城市形象——在穗外国人调查》，2012年研究报告。

围，或以同期举办文化产品交易会的方式，汇聚国内外消费类文化产品、文化艺术精品、文化创意设计、动漫及版权交易、工艺美术、非物质文化遗产和传统文化产品，打造具有国际影响力的文化产品和服务交易平台。

2. "广州奖"平台

激活广州国际城市创新奖（"广州奖"）的文化传播功能，丰富城市多边交往文化内涵，将"广州奖"打造成为具有引领示范作用的城市文化外交平台。发挥"广州奖"汇聚各国主要城市政要的城市外交优势，通过高层会谈、项目对接会、意向洽谈会等多种形式，推动城市间文化交流与项目合作；充分利用各国媒体对"广州奖"的关注报道，策划新闻议题、主动提供素材、积极予以协助和便利，借助国外媒体渠道，增强广州的海外媒体曝光率，扩大城市知名度和美誉度；增强"广州奖"海外宣传推广中的城市文化元素，在评奖邀约、奖项颁布、成果推广的全过程中强调城市品牌建设，将"创新"精神作为国际标签，打造广州城市形象新名片。

3. "演交会"平台

完善文化产业政策，强化市场运作机制，聚焦创意创新，促进国际合作，将广州国际演艺交易会打造成为国际知名的演艺市场"全产业"交易营销平台。在以演艺剧目、器材、舞台美术、演艺衍生品等产品交易和演艺、经纪等人才交易的基础上，扩大交易范围，创新交易内容，形成版权、产品、人才、剧场、资本、技术以及专业和中介服务的全产业链交易平台；加强对外推广和国际合作，引入国际知名演艺机构、艺术节、剧院买家、演出经纪公司和节目制作方，提升演交会层次与规格，促进对外交易营销实效；打造培训交流平台，通过研讨会、培训会等形式，提升国内演艺机构"走出去"能力和"请进来"水平，推动国内外项目与机构的对接速配。

4. "金钟奖"平台

以提升国际化发展水平为目标，推动中国音乐"金钟奖"在奖项设置、节目赛制、选拔范围和宣传推广等领域不断创新，将"金钟奖"打造成为具有世界影响力的专业性艺术奖项。扩大"金钟奖"的选拔范围，面向世界范围选拔音乐艺术人才，推动"金钟奖"从国家级评奖活动发展成为国际性艺术品牌，特别是在钢琴、声乐演唱（美声）和流行音乐组别，鼓励和吸引国际选手积极参与，推动"金钟奖"艺术水平与国际接轨；在奖项设置方面，本着传播和推介中国文化艺术的宗旨，考虑设置"中国音乐国际推广贡献奖"、"民族器乐鼓励奖（国外选手）"等奖项，加强中国文化艺术的对外输出和国际影响；以表演项目、特邀嘉宾等灵活形式，邀请、吸纳具有国家特色的艺术形式和优秀作品在"金钟奖"赛事期间来穗表演，将"金钟奖"打造成为中外精品艺术交流的高端平台。

5. "留交会"平台

以打造国际文化人才交流平台为目标，创新内容和形式，扩大主体范围，将中国留学人员广州科技交流会（"留交会"）扩展成为聚集海外科技和文化人才、促进高层次人才和项目交流的"国际科技文化人才交流会"。扩大"留交会"服务领域，由服务科技人才扩大到服务科技和文化人才，推动"留交会"发展成为多领域综合性人才交流平台；拓展服务主体范围，将服务对象由以留学人员为主体，扩展为面向全球的高层次科技文化人才，促进"留交会"向区域性、国际性的人才中介平台转变；加大"留交会"海外宣传推广力度，利用网络、媒体及对外交往活动等各种渠道，提升"留交会"品牌知名度。

6. "国际纪录片节"平台

紧抓国家扶持纪录片发展的良好机遇，完善融资平台和数字化交易平台，加大与国际知名纪录片节合作力度，进一步提升国际知名度和吸引力，将中国（广州）国际纪录片打造成为业界国际一流品牌。依托纪录片节，加快建设国际性纪录片交易产销平台，促进拍摄方案、成片等纪录片产品交易，推动中国纪录片制作人走向国际市场，畅通中国纪录片"走出去"渠道；加大纪录片节"金红棉奖"评奖力度，鼓励国产纪录片出精品、出优品，提升国际市场竞争力，发挥文化传播功能；通过推动增设"记录广州"展示单元，鼓励与广州相关的纪录片创作和交易，优化纪录片节平台的城市推广和文化传播功能。

7. "中国国际漫画节"平台

积极引入国外知名动漫品牌，加大与国内外企业和动漫基地合作力度，优化中国国际漫画节动漫游戏展的展示发布、交流、贸易洽谈和专业服务功能，丰富竞技比赛、Cosplay大赛、动漫音乐会等活动形式和内容，将国际漫画节平台打造成为广州文化创意产业的新名片，推动广州"动漫之城"国际形象的塑造与传播。

依托广州国家级网络游戏动漫产业基地优势，整合广州动漫游戏业界资源形成合力，借助国际漫画节平台，加大对广州动漫品牌的宣传推广，加快广州动漫游戏产业"走出去"。

（四）重点项目

1. 海上丝路文艺精品创作展演工程

立足广州丰富的历史文化资源和现代化建设实践，探索形成完整高效的文艺精品创作生产体系，按照依靠本土与借助外力、广泛发动与重点组织相结合的原则，以"规划一批、储备一批、实施一批、推出一批"的思路，实施海上丝路文艺精品创作展演工程。以追求一流的气魄，围绕海上丝路主题，展现岭南文化特色，结合国际文化需求，大力推进文艺样式和手段创新、风格和流派创新，站在全国乃至世界高度策划创作推出文艺精品。充分发挥文化对外开放新枢纽的作用，按照循序渐进的原则，以广州为基地，与海上丝路沿线国家建立常态化的联合展演机制，推介输出广州以及全国其他地区的文艺精品；同时组织联系发动国内市场，积极引入海丝沿线国家文艺精品，以广州为枢纽登陆国内市场。

2. 国家对外文化贸易基地建设工程

学习上海争取文化部支持，推动"国际文化服务贸易平台"升级为"国家对外文化贸易基地"的经验，开展广州国家对外文化贸易基地建设工程。把握南沙新区建设粤港澳自贸区的机遇，打造对外文化贸易产业园区，条件成熟时向文化部申请授牌国家对外文化贸易基地。积极争取上级部门给予优惠政策，开展文化展示交流、境外文化资产保税仓储、国际艺术品展示交易、文化设备保税租赁、文化进出口代理等服务，为对外文化贸易搭建平台和通道。积极打造对外贸易的文化金融支持、人才培训、信息中介、展示推介等配套服务，吸引珠三角乃至华南地区对外文化贸易企业集聚，以此为基地将文化产品和服务推向世界。积极向海上丝绸之路沿线国家推介广州对外文化贸易基地，吸引国际优秀文化企业进驻，支持国内外文化企业以广州为基地开展合作。

3. 国际版权贸易推广工程

紧抓国家版权贸易基地落户广州市越秀区的契机，以促进广州文化对外输出、提升中国文化国际话语权为任务，开展国际版权贸易推广工程。吸引国内其他地区的文化产品开展版权登记和贸易，力争将广州国家版权贸易基地建设成为全国最大的版权作品登记中心、版权综合交易市场和版权资本运作平台，将基地打造成为华南地区最具影响力的版权产业集聚区和版权产业加速器。发挥国家版权贸易基地承担的各项版权公共服务职能，建设国家级版权登记服务平台、版权产业合作交流平台、版权专业人才培训和服务平台、版权法律保护公共服务平台等，完善版权交易服务体系、版权专业服务体系、版权商务服务体系等三大服务体系，不断创新版权服务和版权产业新业态。以国家版权贸易基地为支撑，搭建版权交易渠道，积极扩大对海上丝绸之路沿线国家的版权输出，并积极引进版权，推动与海丝沿线国家的版权贸易增长。

4. 城市形象海外推介工程

围绕世界文化名城的城市形象定位和21世纪海上丝绸之路文化对外开放新枢纽的城市功能定位，整合资源、形成合力、创新策略，开展广州城市形象海外推广工程。成立由市委外宣办牵头，城市规划设计、建设、管理、新闻宣传部门和各文化单位作为成员参与的城市形象海外推广工程工作组，统一规划部署城市形象宣传工作，分配、指导、协调各相关部门和社会团体、企业和个人的具体传播行为与相关活动。整合对外推广内容，根据推广区域和对象，实行差异化宣传推广策略，例如针对东南亚、南亚地区突出"购物天堂"的细分形象，针对西亚、非洲地区强调"国际商贸中心"的城市地位等。发挥媒介整合传播效应，综合利用大众传媒、网络媒体、人际传播以及会展赛事、节庆博览重大活动等多种推广方式和工具，加大与海外粤语、华文媒体合作力度，增强与国际主流媒体的互动与交流，实施整合营销、内外联动和多渠道传播的对外宣传推广战略，增强城市形象推广工作的有效性。

5. 文化旅游吸引力工程

以加快文化对外开放新枢纽建设为目标，以展示广州历史文化资源、社会人文风貌、城市建设发展成就为主要内容，实施文化旅游吸引力工程。丰富广州文化旅游内涵，根据海外不同区域的旅游消费偏好，针对来穗商务旅客比重较大的情况，采取差异化策略开发旅游产品。充分利用免签72小时入境政策，结合广州打造国际中转中心目标，推出过境旅客广州游项目。发挥友城网络、驻穗领馆资源优势，加大海外推广力度，利用举办会展博览等活动以及影视作品、网络信息等多种途径，加大对广州文化旅游元素的包装宣传和产品营销。强化与泛珠三角其他省市合作，尤其是广西、云南等与东南亚地区旅游合作较为深入地区的合作，利用高铁、民航优势，推动旅游资源共享和综合利用，形成合力实现共赢。

6. 全球广州学研究网络工程

有鉴于广州在中国对外经贸发展中的历史地位和改革开放以来的重大成就，越来越多海外高校、科研院所的中国（或汉学）研究中心、东亚研究所（系）等机构都围绕广州或珠三角地区开展科研项目。利用这一契机，以扩大广州文化国际影响为目标，树立和推广"广州学"，实施全球广州学研究网络工程，开展科研活动、促进科研成果扩散和转化。以《广州大典》研究资助项目为基础，逐步扩大资助研究的学科和专业，鼓励世界人文社会科学工作者以广州为对象开展全方位的学术研究。积极联系争取在海外汉学或中国研究机构中设立非实体的广州研究中心，逐步建立全球性的广州研究网络，形成制度化的学术研究和交流机制。鼓励资助优秀科研人员来广州进行学术访问、短期访学，深化对广州认识，推出更高水平的广州研究成果。结集出版和发表优秀广州研究成果，加大对"广州学"的推广和宣传。

7. 文化对外开放人才培养工程

以复合型、外向型、创新型和科技型人才为重点，培养与引进相结合，实施文化对外开放人才培养工程，为建设广州文化对外开放新枢纽提供智力支撑和人才支持。重点培养引进领军人才、文化名家，发挥其典范作用和引领功能，提高广州文化创新力、凝聚力和辐射力；着眼于完善文化人才梯队建设，加大对青年拔尖文化人才的培养资助和支持；加快推进文化团队建设，打造知名团队品牌，提升广州文化"走出去"竞争力。充分发挥"留交会"人才交流平台作用，加快发展人才中介服务，推动海内外文化人才以广州为枢纽港多方流动，形成开放、活跃的人才发展氛围。

8. 海外华文媒体合作工程

发挥广州媒体产业发达优势，以扩大文化影响力、提升文化话语权为目标，开展海外华文媒体合作工程。吸引、鼓励华文媒体在穗设立办事处，作为报道国内新闻的基地，同时面向海外华人积极推介报道广州相关信息。推动与世界华文媒体合作，争取将其秘书处或办公室设在广州，将广州打造为海内外华文媒体联络互动基地，提升广州媒体在世界华文媒体中的地位。充分利用广州海外华侨众多的优势，探索成立以广州为基地，面向海上丝路沿线国家乃至全球华侨华人的媒体集团，进一步增强广州媒体在海外华侨华人中的影响力，推动广州发展成为华文文化中心城市。

七、广州建设 21 世纪海上丝绸之路文化对外开放新枢纽的对策措施

(一) 加快推进文化对外开放的体制改革

文化体制改革是党的十八届三中全会和《中共中央关于全面深化改革若干重大问题的决定》提出的重点改革内容之一，作为海上丝绸之路发祥地和改革开放前沿地的广州，应当把握战略机遇，以改革推动开放，以开放促进改革。

（1）积极创建文化对外开放改革先行区。广州要大胆先行先试，打造成为深化文化体制改革、创新文化对外开放的改革先行区。根据全面深化改革的精神，在文化对外开放的体制和机制上勇于创新，在内引外联基础上提高文化开放水平。争取下放更多涉外文化管理审批权，如涉外演出审批权、文化方面的进出口权等进一步下放，开放更多境外媒体在广州落地。率先在全国形成一套放得开、管得住、走得出的机制，为全国的文化对外开放交流工作树立典范。

（2）进一步完善文化对外开放管理和服务制度。协调文广新局、外事办等部门，在政策法规允许的框架内，对文化企事业单位赴境外参加各类展演、贸易等活动，放宽审批条件、减少审批环节、缩短审批流程。对从事文化对外开放合作的文化企业销售人员、演出人员等，在一些行政审批手续上，可实行一次审批、全年有效的做法。对符合国家出口指导目录规定的文化重点企业开展境外投资时的调查、考察等活动给予支持。

(二) 加快文化产业和文化事业发展

文化对外开放的基础在于发达的文化产业和文化事业，在政府的引导下，不断增强文化企事业单位的国际化能力，积极参与国际市场竞争，获得文化对外开放与合作的持久动力。

（1）培育一批掌握核心竞争力、拥有原创品牌、具有较强国际视野的骨干文化企业和企业集团。发动企业积极申报国家文化产品出口重点企业和重点项目名录，按照一定比例给予配套资金支持。设立广州建设海上丝绸之路文化对外开

放合作重点企业和重点文化单位，培育文化开放交流骨干企业，包括外向型的大型文化产业集团和文化贸易流通企业。加快规划建设一批海上丝绸之路文化产业重点企业和重大项目，形成富有活力、具有特色的优势企业集群，打造一批在国内外有重要影响的海上丝绸之路文化企业和产品品牌。

（2）不断增强文化企事业单位国际交流与合作能力。重点扶持大型文化企业开展国际合作，下放外贸经营权给符合条件的各类文化企业，鼓励扩大文化产品进出口和文化服务贸易，组织推动广州文化重点企业和重点文化单位积极参与国际国内文化、商贸等活动。定期或不定期组织我市各演艺企业在国内外重要城市开展优秀剧目巡演活动，拓展国内外演艺市场，增强广州文化产品对外影响力。

（3）鼓励文化企事业单位把握21世纪海上丝路机遇，围绕主题开展研发创作生产营销一批文化精品。把提升文化产品的内涵和质量作为文化对外开放的基本着力点，推出更多高品位、高水准的文化精品，以内容优势赢得国际市场。外向型文化企业要瞄准国际市场需求，充分发挥自身优势，深入发掘和整理特色文化资源，开发国外受众易于接受又具有自主知识产权的原创性产品。建立广州文化对外开放合作重点项目库，按照"储备一批、规划一批、建设一批"的滚动发展原则，推进一批文化内涵丰富、科技含量高、市场前景好、带动链条长的文化重点项目，为文化对外开放交流不断增添新的内容。

（三）创新文化对外传播与推广策略

对外传播是深化文化对外开放、扩大文化国际影响力的重要途径，创新文化对外传播的策略，实施整合营销，提升文化对外传播效能。

（1）实施全媒体策略，融合报纸、广播、电视、网络和手机等多种媒体手段和平台，构建多落点、多形态、多平台的文化对外传播体系。推行"借船出海"，加快实施广播电视"走出去"，与国际媒体建立业务和内容合作关系，通过合资合营传媒和频道，把对外传播运作机构前插到海外地区。扶持海外华文媒体，建立新闻交换共享、交流培训等合作机制，设立专项基金，鼓励支持对传播广州文化做出突出贡献的华文媒体；加强与有较大影响力的国外英语报刊的合作力度，扩大广州报刊媒体的传播半径，提高文化对外传播效果。发挥网络传播和手机等移动终端迅速、便捷、灵活的优势，针对来穗海外人士打造对外文化信息发布平台。

（2）采取全员发动策略，构建多方参与、多种途径的文化对外传播格局。统筹政府部门、企事业单位、社会团体和个人共同参与文化对外交往与传播；激发市民身份认同与城市自豪感，鼓励包括海内外访客在内的各类群体通过人际、组织、群体等多种传播途径进行文化对外推介和友好交流。

（四）壮大文化对外开放的社会力量

文化对外开放需要多方力量的共同参与，要正确处理好政府、企业、社会团体、专业人士之间的关系，充分调动各方面的积极性广泛参与，努力营造鼓励文化对外开放的良好社会环境。

（1）充分调动社会各方力量参与对外文化开放和交流事业。要推进工作机制创新，积极拓宽资金来源渠道，吸收各类社会捐助和文化艺术基金会、企业赞助等参与对外文化交流事业，促进对外文化开放和交流运作模式向多元化发展。文艺院团可以根据特定文化活动的内容和受众向社会力量进行资金和志愿者的筹集，鼓励企业以广告冠名等方式合作或无偿赞助方式，支持演艺企业"走出去"，到国内外其他地区演出。积极调动民间机构、民间人士的积极性，鼓励和扶持民间文化团体和文化工作者申报文化对外开放交流项目，支持各类民间文化团体利用商业渠道、市场化运作实施文化开放交流项目。

（2）充分发挥文化行业专业协会组织的作用。充分发挥演艺娱乐、广播影视、文化休闲、会展广告、动漫游戏等行业协会的宣传推介作用，拓展海内外文化市场。支持各类文化行业协会通过制度化、规范化发展，不断强化各行业协会的权威性，为推动行业向海内外拓展提供服务。

（五）强化穗港澳合作形成文化开放合力

港澳地区与广州文化相通，同时国际化程度更高，三地应当互相学习与借鉴，利用优势互补强化合作形成合力，共同推进文化对外开放与交流事业。

（1）在 CEPA 框架下先行先试加大对港澳文化开放力度。在南沙新区策划建立港澳文化合作园区，以及在现有园区中规划港澳专区，积极引入优秀的文化创意企业。放宽港澳地区文化企业、媒体等进入大陆市场，以广州为试点，加大开放力度，适度允许港澳地区资本进入传媒、出版等文化行业。加强与港、澳地区的文化合作,进一步落实文化产业对港澳开放的举措,打造粤港澳充分合作的文化产业链。

(2) 借助港澳平台加强对外开放与交流。借助地缘和语言文化的优势,学习港澳机制灵活、市场化程度高、快速反应的优点,利用其国际化程度、人才、管理等方面的优势,与广州及珠三角地区资源共享、优势互补。积极参加、推动与港澳青年的文化交流、港澳演艺人才的经营培训等活动,共同提升岭南文化的国际吸引力。鼓励和支持组织本地优秀的文化企业与港澳方面合作开发海上丝绸之路沿线国家市场,以合资或合作的方式,在境外办报、办刊、办台,与海外传媒合办频道(率)、栏目、节目,为进一步走向国际市场积累经验。

(六) 推动海上丝绸之路文化合作圈建设

在建设 21 世纪海上丝绸之路战略中,加强沿线与主要国家和重点城市的文化,逐步组建文化合作网络,共同推动形成海上丝绸之路文化合作圈。

(1) 推动举办 21 世纪海上丝绸之路文化合作论坛。利用广州在城市体系中的影响力不断提升的契机,积极筹办 21 世纪海上丝绸之路文化合作论坛,并定期在广州举办。广泛邀请海丝沿线国家文化相关政府部门、企事业单位、专业人士、国际组织等参加,围绕加强文化开放与合作、促进对话与交流等议题开展研讨,切实推进 21 世纪海上丝绸之路的建设。

(2) 举办 21 世纪海上丝绸之路文化精品联合巡演系列活动。加强与海上丝绸之路国家以及友好城市的联系,打造合作网络,共同推荐一批文化精品,结合各地的文艺节庆活动,开展联合巡演。使每个地区或城市,能够相对集中地欣赏到不同国家和地区的文化精品,推动各国文艺创作者和表演者的交流与对话。

(3) 加强海上丝绸之路文化合作圈的文化产业和交易与合作。通过举办国际性文化产业交流交易活动、开展文化产业项目国际合作、建设国际营销网络等方式推动海丝沿线国家和地区之间的文化产业交流合作。利用广州的会展产业发达优势,策划举办 21 世纪海上丝绸之路(广州)文化产业博览会,整合各方面资源,推动广州成为海丝沿线国家和地区间文化要素和经济要素有序自由流动和优化配置的枢纽平台,促进文化产业发展提升到新的水平。

第四章 21世纪海上丝绸之路建设中的广州文化产业"走出去"研究

一、建设21世纪海上丝绸之路与文化产业"走出去"

(一) 21世纪海上丝绸之路与文化产业"走出去"的重要意义

建设"一带一路"战略的重要内容之一,就是进一步深化与沿线国家的文化交流,促进区域合作,实现共同发展。加快发展对外文化贸易,推动文化产业"走出去",对于继续扩大改革开放、提高对外贸易发展质量,对于提升国家文化软实力、推动中华文化走向世界都有着重要意义。

1. 文化自觉和自信的集中体现

在中华民族伟大复兴的历史进程中,我们要树立高度的文化自觉和自信。随着中国的国际影响力的逐步扩大,面对文化全球化提出的重大的挑战,我们不仅要勇于"引进来",以宽容的态度和开放的心态积极引进和吸纳外来文化,同时,更要以充分的文化自觉和自信勇于"走出去",利用中国文化的吸引力在世界不断增强的机遇,打造一批全球知名的文化品牌企业,推出一批展现中国风格、中国气派的文化精品,也是推进社会主义文化大繁荣大发展的应有之义。

2. 对外开放交流的重要内容

对外开放交流的内容丰富,意义重大,文化商品有着特殊的意义,不仅仅具有经济价值,更展现了文化的精华。实施文化产业"走出去",推动更多富有民族风格、浓缩历史传统、蕴含思想精粹的文化商品走向世界,使更多国家和地区的人民接触到精彩的中华文化,让世界感受到中国的文化属性、文化特征、文化形象和文化力量。增进彼此的互信,使我国在形象上更有亲和力,与经济竞争力和政治影响力相互补充，也更有助于推动对外开放交流的不断深化。

3. 全面深化改革的必然要求

立足于今日中国发展现状和未来发展需求，我们必须推进全面深化改革，文化体制改革是全面深化改革的重要内容，其中要点之一就是扩大文化的对外开放。要按照"政府主导、企业主体、民间参与、合作共赢"的要求，从市场的角度切入，用企业的方式运营，建立符合市场规律和国际准则的有效机制，打造具有竞争力的国际性文化企业集团。通过统筹国际国内两个市场两种资源，统筹对外文化交流与贸易，实现社会效益与经济效益的双丰收。文化产业"走出去"，也是全面深化改革的要求中关于文化改革发展的必然要求。

4. 经济转型升级的有力支撑

文化产业正日益成为国民经济发展的重要产业，文化产业的价值链条长，带动力强，是与整个三次产业发展密切相关的产业。要充分认识文化产业对于转变经济增长方式、推进制造业产业升级等方面的重要意义。大力发展文化产业，积极推动文化产业"走出去"，尤其是以创造为核心的创意产业，有助于经济增长方式的转变和产业结构的转型升级，改变我国的制造业在国际分工和国际贸易中的不利局面，提升我国在世界经济分工的地位。

（二）海上丝绸之路与广州作为文化门户的历史地位

广州是中国最早的对外通商口岸，在海路和陆路上都是交通要道。在先秦时期，番禺便已成为海上丝绸之路最早始发港。从秦汉直到现代，不管国家是处于开放还是封闭状态，作为对外港口的广州历久不衰，都是对外开放交流的窗口和门户。

1. 从商品贸易看广州作为文化门户

海上丝绸之路贸易中的主要商品丝绸和瓷器，具有高信息量、高吸引力、高附加值等特征，就是古代的文化商品。在这类商品的贸易中，广州发挥着文化门户的重要作用，沟通内外渠道，把握国外客户的需求，让国内的瓷窑进行定制化的生产，著名的外销瓷就是其中的典型。广州作为对外贸易的最大口岸，汇集了众多外商，一些商行开始直接接受外商的订货，许多瓷器的装饰图案依照外商从欧洲带来的样品由中国画工精心摹绘，"纹章瓷"由此在欧洲盛行起来，并由此产生的巨大需求，也催生了广州出现专门承接欧洲订货业务的门店。洋商可以与广州的商人签订协议，指定瓷器的种类、造型、式样等；商人再将订单发往千里之外的景德镇进行烧制。后来，广州的行商们凭借着销售渠道上的优势很快介入了生产，他们雇佣工人、培训画工，将景德镇烧制好的白瓷胎运至珠江口，就地进行彩绘和二次加工。

在沟通国外需求与国内生产的过程中，还诞生了广彩这种极具岭南特色，体现广州文化门户功能的特殊商品。作为广州彩瓷初期产品的珐琅彩具有高贵艳丽的特色，深受西方富豪与贵族的喜爱，一些王室贵族甚至派官员专程来广州采购，后来进一步发展为欧洲商人带来彩瓷的图样再由中国制造商按要求制造。广彩艺人继承明代彩瓷的传统特色，再吸收西洋画法的技艺，绘上具有岭南地方特色的图案，逐渐形成独特的岭南艺术风格。广彩瓷器是从中西贸易的外销瓷中，由艺人适应国外王室贵族的需要，逐步发展起来的一种独特的艺术彩绘瓷。它一方面继承了我国传统彩绘艺术的风格；另一方面又吸收了西洋绘画的艺术精华，可以称得上中西文化交流的结晶。

2. 从文化特质看广州作为文化门户

广州是岭南文化的中心地，岭南与中原地区相比有着独特的地理环境，岭南文化同时兼具农业文化和海洋文化的基础，在发展过程中接受了大量来自中原的移民，并开展了与海外的交流，因此又不断吸取和融汇了中原文化和西方文化，逐渐形成一些独特的特质。而岭南文化这些特质，又进一步为广州发展成为沟通中外的文化门户提供了精神动力，也正与广州作为文化门户的地位相互促进，紧密契合。

岭南自古与中原相距甚远，因海而兴、因商而富，与中原传统的农耕文化有所差异。海上丝绸之路是中外贸易往来之路，其兴盛推动了岭南地区商业的发展，以及以工商手工业为主体的市民阶层的兴起。海上丝绸之路及其所带来的市场性、开放性也对岭南文化的特质有着重要的影响，促进了以广州为中心的具有鲜明商贸色彩和务实求新的岭南文化特色的形成。海上丝绸之路既是贸易之路，也是岭南文化与中华文化的传播和交流之路，它沟通了中国与世界众多文明之间的联系，促进了思想文化的交流，是岭南文化与多民族文化精华交融的纽带。在与世界文化的交流沟通进程中，造就了岭南文化开放包容的特性，广州也成为中华文化与外来文化相互撞击、融合的平台，承担了文化门户的重要功能，更早地以开放的胸襟迎接传统文化的现代转型、中西文化的交流汇通。

在今天建设 21 世纪海上丝绸之路的背景下，广州应该充分继承与发扬历史传统，加快改革创新，打造文化产业"走出去"的新门户，为推动中华文化与世界文化的交融与创新作出新的积极贡献。

二、21 世纪海上丝绸之路背景下广州文化产业"走出去"的战略分析

（一）基础优势

广州作为历史海上丝绸之路的重要始发港，在改革开放的进程中发展成为国家中心城市，文化产业蓬勃发展，在建设 21 世纪海上丝绸之路的进程中，率先走出海外，推动中华文化向世界传播，有着坚实的基础优势。

1. 对外开放的历史传统优势

广州是中国古代对外贸易和文化交流的海上丝绸之路的重要起点，作为中国最早的对外通商口岸，在东西方经济文化交流过程中发挥了重要作用。广州秦汉时就是繁华都市；三国时期，广州与东南亚开展了频繁的贸易和人员往来；南北朝时，广州凭借发达的海运，逐步发展成为东方的国际贸易中心。唐代开辟深水航线，从广州起航经南海、印度洋沿岸到达红海地区，全长 14000 公里，这是 16 世纪前世界上最长的远洋航线，被称为"广州通海夷道"。宋代时，陆上丝绸之路受阻，广州更是重要的对外贸易门户。明清海禁期间，广州是当时中国唯一的对外通商港口，十三行成为海上丝绸之路繁荣发展的历史巅峰。鸦片战争以后，广州及珠三角地区最早受到西方资本主义的影响，工业文明由此向全国扩展开来。新中国成立后，广州仍然是对外经贸往来的主要窗口。30 余年来，广州继续充当改革开放的前沿阵地。总体来看，从秦汉直到现代，不管国家是处于开放还是封闭状态，作为对外港口的广州历久不衰，对外开放交流的历史悠久、传统深厚，为在建设 21 世纪海上丝绸之路中进一步扩大开放走向世界奠定良好基础。

2. 文化产业发展的基础雄厚

广州在全国率先开展文化体制改革，积极推动文化产业发展，经过多年努力，形成了较为雄厚的产业基础，文化产业在全国大城市中处于领先地位。按国家统计局文化及相关产业分类（2012）统计口径，2013 年全市文化产业增加值

为 743 亿元，比 2012 年增长 17.7%，占 GDP 的比重约为 4.91%，文化产业保持良好发展态势。新闻出版发行、文化专用设备制造、文化创意和设计服务等三大行业优势明显，文化产业从业人员超 52 万人，涌现出一大批优秀文化企业、企业家和产业园区。在文化产业发达的基础上，广州的文化对外贸易也获得长足发展，文化产品进出口均得到稳步增长。2012 年，全市文化产品进出口总额为 136.15 亿美元，比上年增长 8.5%，其中出口达到 59.59 亿美元，比上年增长 13.2%；进口额为 76.56 亿美元，比上年增长 5%，已成为我国文化对外贸易的重要城市之一。

3. 重点骨干企业实力不断增强

通过整合优质资源打造文化企业集团，广州培育了一批拥有自主知识产权和文化创新能力、主业突出、核心竞争力强的大型文化企业集团，已经发展成为文化产业的重要力量。尤其是广州的知名新闻出版品牌多，影响力不断提升。第九届世界品牌实验室发布的 2012 年《中国 500 最具价值品牌》排行榜中，前 12 个平面媒体品牌中有 5 个在广州，分别是：《广州日报》《羊城晚报》《南方日报》《南方都市报》《南方周末》，其中《广州日报》品牌价值 126.27 亿元，连续 19 年广告收入位居中国平面媒体第一名。广州珠江钢琴集团成为全球最大的钢琴制造商，粤飞、漫友等新兴动漫企业在全国具有举足轻重的影响。广州的一大批重点文化骨干企业成长起来，龙头引领和支撑功能进一步显现，将成为文化产业走出去的主力军。

4. 海外华侨华人的文化相通

分布在世界各地的华侨华人很多还保留着中国传统的文化根源，与祖国的互动也非常频繁，已经成为中国与华侨华人所在国经贸合作和文化交流的重要桥梁，海外华侨华人也是我国文化产业走出去的重要市场。广东是中国海上贸易和移民出洋最早的地区之一，现有 3000 多万海外侨胞，占全国的三分之二，分布在世界 160 多个国家和地区。大量的广东籍华侨华人保留着文化上的共通性和认同感，他们讲粤语、吃粤菜、唱粤剧。在海外不少国家华人圈里，粤语至今仍是一门最为通用的语言。广州是侨乡之都，是著名侨乡城市中经济总量和辐射能力最大的，同时又是众多大城市中侨乡特色最浓厚的，海外侨胞最多的，可以充分利用海外华侨华人文化相通的优势，积极推动成为文化产业"走出去"的重要桥梁。

(二) 存在的问题

目前,我国文化产品和服务出口规模与发达国家相比还很小,总体竞争力还较弱,存在巨大的文化贸易逆差。广州文化对外贸易尽管取得较明显的成绩,但也处在起步阶段,同样也存在着明显的问题。

1. 促进文化产业"走出去"的宏观体制有待完善

尽管当前文化体制改革已经取得了很大了成效,但是仍然需要进一步全面深化改革,完善促进文化产业"走出去"的宏观体制。现行文化产业发展政策往往是由宣传、文化广电部门会同财政、经贸、科技、旅游等部门依据职权分别制定的,对各自分管的文化产业领域的发展确实起到了一定的推动作用。但是,相关政策之间的融合性与关联性不强,没能实现有效整合,降低了文化产业政策的系统性和执行力。在推动文化产业走出去领域,广州还缺少全面的工作规划和战略,未能深入地融入地方改革开放的总体布局,与推动文化产业发展,带动经济结构转型升级相结合不够。在一些具体政策上还存在着障碍,如文艺院团赴境外演出审批环节多、程序复杂,相关的外汇审批、知识产权保护等法规政策也还不够完善。对文化产品和服务出口单位的外汇和版税优惠、资金补助、税收减免、出口奖励等政策力度还不够大,各种支持文化产业"走出去"的辅助性服务和平台还比较缺乏,关于文化对外贸易的数据和信息也相对不足。

2. 文化产业国际竞争力不强

文化市场活动的主体是文化企业,如果缺乏有能力进行跨国文化生产和经营的文化大企业,就不可能能在全球范围内充分地利用文化资源,形成竞争力。因此,文化产业要"走出去"就必须要建设一批有能力参与国际竞争的跨国文化公司。尽管广州文化产业已初具规模,但企业业务单一、抗风险能力弱、行业集中度低等问题仍然突出,外向型文化企事业单位总体实力还不够强,文化产品出口企业以中小规模企业为主,"小、散、乱、弱"局面依然存在。企业的自主创新能力不够,尚未形成比较完整的能够适应国际市场的整体策划创新能力、市场拓展能力,具有国际影响力、体现广州原创能力的产品还不够丰富,缺乏可以将丰富文化资源变为畅销文化产品、品牌和名牌的创意者、生产者和资源整合者,出口经营的积极性不高。特别是与北京、上海、深圳等先进城市相比,从文化出口重点企业来衡量,广州具有国际竞争力的文化企业数量较少,实力也相对较弱。(见表4-1)

表 4-1 主要城市国家文化出口重点企业数量

城　市	2011—2012 年	2013—2014 年
北京	72	60
天津	7	9
上海	39	35
宁波	12	9
深圳	23	20
广州	16	13

3. 适应国际市场文化需求的内容产品相对较少

文化产业"走出去"的核心在于内容，目前我们文化产品内容存在的问题可以总结为三个方面：偏硬、缺软；偏旧、缺新；偏仿、缺创。目前，我国文化出口内容大部分是工艺美术品、文教娱乐和体育设备及器材等，属于文化贸易中的"硬件"。文化"软件"即服务类项目的出口还是一个薄弱环节，核心文化产品比率较低，又以图书贸易为主，其他文化内容和服务相对较少。在内容风格上，多局限于传统文化范畴，以戏曲、民乐及杂技等的表演和文物、传统书画及手工艺品等为主，大量都是传统积累下来的创意，展现当代文化风采的现代文化精品比较少，缺少既有中国文化元素和岭南风格，又兼具现代表现形式、时尚感强的经典作品。还有就是原创不足，科技含量低、缺少文化内涵和创意，导致文化产品附加值低，有很多文化产品处于贴牌生产的尴尬境地，如动漫企业虽然不少承接了国外业务，但很多只负责产品的加工环节，核心创意策划和渠道都由海外公司操控，无法实现从代工式的"制造"向拥有自主知识产权的"创造"转变。与其他先进城市相比，广州能够推向世界的文化产品内容相对缺乏，专门研究针对国际市场的内容不多、开发不够。尤其是充分发掘自身优势资源打造重点文化出口项目方面做得还很不充分，例如，在著名的传统工艺品开发上，由佛山开发执行的实用广绣出口项目（佛山市顺德区富德工艺品有限公司）获得了国家文化出口重点项目的支持。广州传媒产业发达，又是著名的侨乡，但是，在对海外华侨华人的传播宣传却缺少有力的内容项目，反观其他地区，《山东侨报》境外发行及外文版发行已成为国家文化出口重点项目。（见表4-2）

表4-2 主要城市文化出口重点项目

城　市	2011—2012 年	2013—2014 年
北京	36	37
天津	1	3
上海	8	12
深圳	5	2
广州	1	3

4. 支撑文化产业"走出去"的平台和渠道相对不足

由于目前我国文化企业的实力普遍相对较弱，独立"走出去"的难度较大，因此重大平台和渠道对支撑文化"走出去"的意义重大。但是，广州在文化产业"走出去"的重大平台建设方面相对不足。首先是缺少具有全面影响力的综合性大型平台，目前，深圳、北京、上海、杭州四地的文博会，已是我国文化产业领域最有影响平台。甚至义乌文博会都是由文化部、浙江省政府主办。而广州作为著名的会展之都，缺乏文化产业类的大型会展贸易平台，广州2011年举办首届文化创意博览会，后来因为种种原因没有继续举办，层次低、展位少，影响力弱，其网站也停止更新，还保留着原定2012年举办的第二届广州文博会因故延期举办的通知。其次，尽管广州也有演交会、动漫节等专门性的平台，但是影响力都还比较小，特别是吸引国际市场的能力还比较弱，不能起到充分支撑文化产业"走出去"的作用。文化产业有效的传播推广渠道不足，国际营销网络不健全，如出版物产品出口目前主要以8家图书进出口公司为主，各自为政。目前境外文化市场的信息很难掌握，国内文化企业自身国际文化市场营销运作经验相对不足，开辟海外市场的能力明显不足，如果缺少对外文化贸易的专业渠道和平台，缺少了解海外文化市场并有能力开拓海外演出、展览市场的策划、营销的专业机构，严重影响文化产业"走出去"的实际效果。

（三）战略机遇

国家提出建设丝绸之路经济带和21世纪海上丝绸之路的战略，进一步扩大对外开放，为文化产业的快速发展提供了重要机遇和广阔舞台。

1. 全方面立体化开放平台的搭建

推进"一带一路"建设重大战略决策，对于构建开放型经济新体制、形成全方位对外开放新格局，都具有重大深远的意义。21世纪海上丝绸之路，既是对中国历史上丝绸之路对国际经济合作巨大贡献的发掘与弘扬，也是重新建立国家对外经济合作的贸易新通道。建设21世纪海上丝绸之路的战略的实施，将大力互联互通，深化与沿线国家交流合作，强化国内支撑，搭建更多政治、经济、文化等全方面、多层次、立体化的开放平台。广州作为外向型开放城市，在转型发展的阶段，迫切需要以开放促进改革，以开放加速发展，将进一步激发文化产业发展的动力，营造发展的良好外部环境，对文化产业"走出去"，提供了更加优越的环境、更加便利的条件、更加完善的服务和更加多元的渠道。

2. 国家高度重视对外文化贸易的发展

我国对外文化贸易呈现出良好发展势头，规模不断扩大、结构逐步优化，文化领域境外投资步伐不断加快，同时也有许多需要进一步改善和加强的问题。全面深化改革要求提高文化开放水平，培育外向型文化企业，支持文化企业到境外开拓市场。2014年3月，国务院又出台了《关于加快发展对外文化贸易的意见》，明确了推动对外文化贸易工作的指导思想，提出了到2020年我国对外文化贸易的发展目标：从微观看，要培育一批具有国际竞争力的外向型文化企业，形成一批具有核心竞争力的文化产品，打造一批具有国际影响力的文化品牌，搭建若干具有较强辐射力的国际文化交易平台；从宏观看，要使我国核心文化产品和服务贸易逆差状况得以扭转，对外文化贸易额在对外贸易总额中的比重大幅提高，文化产品和服务在国际市场的份额进一步扩大，文化整体实力和竞争力显著提升的目标。并从明确支持重点内容、加大财税支持力度、强化金融服务、完善服务保障四个方面全面系统地提出了支持对外文化贸易发展的政策措施。广州作为全面深化改革的"排头兵"，正可以把握国家政策的导向，加快改革推动文化产业"走出去"，实现对外文化贸易的新突破。

3. 文化新业态快速发展的机遇

在文化产业发展的历程中，发达国家凭借在制造、传播、金融等方面的优势形成了垄断地位，在文化全球化的进程中处于强势地位。随着信息与网络等新技术的快速发展，文化传播进入全新的数字媒介时代，传播速度快、容量大、覆盖面广。新技术的应用打破了文化霸权主义，带来了文化传播与交流平等的机会，发展中国家可以在发达国家垄断的传统传播渠道之外，通过新的技术实现传播的突破。同时，微电影、微文学、微博、微信等新型文化产品以及数字出版、动漫、网络游戏等新兴业态成为文化产业的新增长点。实时互动的特点超越了时空限制，也使得原本处于传统传播范围之外的国家和地区成为可以开拓的市场。文化新业态的特征归纳为高新技术是支撑，内容创新是关键，技术和内容的融合是根本，以广州为基地开发的微信在港澳台以及东南亚等国家和地区的用户迅速扩展便是成功的例子，广州应该充分把握文化新业态蓬勃发展的机遇，推动文化与科技的结合，发展信息技术，开发数字传媒，创新文化产品，占领文化制高点，实现文化产业的创新超越。

4. 国际文化产业价值链条的全球化配置

随着信息技术的兴起，以服务外包、服务贸易以及高端制造业和技术研发环节转移为主要特征的新一轮世界产业结构调整正在兴起，国际文化产业价值链条也正在全球重新配置。这为我国推动文化产业"走出去"，加快发展面向国际市场的文化产业带来重大机遇，越来越多的影视企业、演艺企业、动漫企业、游戏企业以及出版企业通过"联合制作"参与国际分工，与国际合作伙伴互补短长，共享市场。牢牢把握这一机遇，有利于转变对外贸易增长方式，提高利用外资质量和水平，扩大文化服务产品出口，提升我国在全球文化产业价值链中的地位。

（四）面临挑战

1. 传统对外商贸优势逐渐削弱

广州对外贸易传统优势十分明显，例如每年春秋两季在广州举办的中国进出口商品交易会，又称"广交会"，曾经是我国对外商贸的最主要窗口与平台。但是随着沿边沿海全方位开放格局的形成，国内各地自己建立了更多对外商贸往来平台，同时，电子商务快速崛起，特色专业展水平不断提高，这些贸易平台对广交会的影响越来越显著，跨境电商凭借门槛低、环节少、成本低、周期短等优势，成为拉动传统外贸的新引擎，对广交会以及广州的依赖不断下降。从广交会历年成交额和采购商数据可以看出，在2006—2007年达到顶峰，随着2008年全球金融危机而出现下滑，尽管全球经济缓慢复苏，成交额也逐步回复到金融危机前的水平，但是难以再有突破。广交会的案例其实就是广州作为我国对外开放和贸易窗口的一个缩影，在全方位开放格局下，以及各种新技术的应用，广州传统

的对外商贸优势正在不断弱化,文化产业"走出去"原来可以凭借的传统商贸优势也在逐渐淡化。(见表4-3)

表4-3 广交会历年成交额与采购商数据

年份	成交额（百万美元）		全年成交额	比上年增、	采购商人数	
	春交会	秋交会	（百万美元）	减（%）	春季	秋季
2014	31051				188119	
2013	35540	31690	67230	-2.15	202766	189646
2012	36030	32680	68710	-8.09	21000	188145
2011	36860	37900	74760		207103	209175
2010	34300				203996	200612
2009	26230	30470	56700	-18.70	165436	188170
2008	38230	31550	69780	-5.5	192013	174562
2007	36390	37450	73840	11.4	206749	189500
2006	32220	34060	66280	13	190011	192691

2. 国内其他城市文化产业蓬勃发展

传统文化产业强市如北京、上海等仍然保持着蓬勃的发展活力；同时，一大批新兴文化强市迅速崛起。例如，缺乏文化底蕴和文化资源的深圳，在文化上实现了跨越发展，2013年，文化创意产业增加值达到1357亿元，占全市GDP比重达9.3%。以腾讯、华强文化科技、雅图、华视传媒为代表的一批创意设计、动漫游戏、新媒体、高端印刷等文化科技型企业呈现良好发展势头。深圳还被联合国教科文组织批准加入全球创意城市网络，并授予"设计之都"称号。深圳成为中国第一个，也是发展中国家第一个入围该网络的城市，全球第六个"设计之都"。中国（深圳）国际文化产业博览交易会是国际展览联盟认证展会（UFI），由国家文化部等部门联合主办的国家级文化产业博览交易展会，在全国乃至国际上都有着强大的影响力。国内其他许多城市都把握文化产业发展的新趋势，积极推动文化产业新业态的快速发展，形成了百舸争流的局面。广州文化产业的发展势头良好，但是与标兵相比仍有一定的差距，随着转型升级的压力加大，未来的竞争将会更加激烈。

3. 国际文化产业竞争日益激烈

我们的文化产业在本土还有本土化的优势，在国外面临更加激烈的竞争。文化产业"走出去",并不是仅仅与当地的文化产业展开竞争,而是要与强势跨国文化企业竞争。发达国家凭借产业、传播、金融等方面的优势,在文化产业领域也形成了垄断性优势。例如美国控制了世界75%电视节目和60%广播节目的生产和制作,每年向国外发行的电视节目总量达30万小时。而中国文化产业"走出去"之前,还不能完全满足国内文化消费市场需求,在这种情况下,要想在国际市场尤其是欧美市场进行推广绝非易事。世界文化竞争格局以及传媒秩序的重构,会进一步增大国际竞争压力,而且贸易摩擦势必会增多,文化产业"走出去"不可避免地要面对世界文化经济强国的竞争,接受来自国际文化贸易领域的各种竞争,甚至是报复,这对我们的文化产业"走出去"形成巨大挑战。

4. 国外受众需求的多元化

我国的文化贸易出口的地区相对比较集中,主要集中在中国香港、中国台湾、东南亚,以及美国、加拿大、澳大利亚和欧洲等地的华人社区。尽管近年来我国对外文化交流活动不断增加,但中外文化差异始终存在,很多外国人对中国的了解还相当有限。我们的文化产业"走出去",目前还处于起步阶段,在对外文化交流中,缺少对国外市场深入分析,没有充分考虑国外受众的需求以及欣赏习惯和审美情趣,更多侧重于展示的是我们希望向世界表达的,而忽略了世界希望了解的。不同国家,甚至同一个国家内不同群体之间的需求差异可能都非常大。各个国家和地区社会、经济、文化条件各不相同,不同群体的民众的宗教信仰、受教育程度、生活方式也存在差异,这些都会影响对外来文化的认知、接受和偏爱程度。因此,需要全面深入地对受众进行研究,了解不同国家不同群体的文化需求及其特点,才能做到有的放矢,有针对性地开展文化传播和交流活动,实现文化产业"走出去"的目标。

三、21世纪海上丝绸之路背景下广州文化产业"走出去"的总体思路

(一)战略定位

1. 总定位:21世纪海上丝绸之路是文化产业"走出去"的新门户

在传统海上丝绸之路的历史上,广州一直是对外开放的重要门户,尤其在文

化商品贸易以及精神特质上。建设21世纪海上丝绸之路国家战略的提出，必将掀起加速对外开放，推动中华文化走向世界的高潮。广州作为国家中心城市，文化产业的总规模和发展速度都位居全国前列，应该把握历史机遇，以加快文化体制改革为动力，发挥历史传统优势，结合产业结构转型升级的趋势，进一步延伸文化产业价值链条，在文化交流、文化生产、文化贸易、文化服务等领域，发挥联络中外、互通有无的作用，形成独特优势，成为我国对外文化门户城市，助推中国文化产业走向世界，提升中国文化在世界的影响力。

2. 分定位一：发挥商贸优势，打造文化商品和要素的国际贸易中心

广州有着千年商都的美誉，作为对外商港的广州千年不衰，今天商贸业也是广州的支柱产业。文化商品和文化生产要素在全球范围内流动是当今国际文化产业发展的趋势，抽象的文化商品和要素比普通实物商品在交易中需要更多高级和复杂的知识。广州应充分发挥千年商都积淀的基础，将传统商品贸易中的优势延伸到文化产业领域，在对外文化贸易中积极抢占有利地位，打造对外文化贸易中心，让全国各地丰富多彩的文化商品，通过广州走向海上丝绸之路沿线各国乃至全世界。同时，在文化商品交易的基础上向文化生产要素拓展，大力发展专业的文化贸易中介机构，创新交易方式，拓展图书影视内容版权、创意设计理念、形象与造型，乃至文化产权股权等交易对象，打造中外文化要素的交易中心，在文化生产要素的国际化配置中发挥更加积极的作用。

3. 分定位二：沟通内外渠道，打造外向型文化精品策划创作中心

广州目前在传统的主要文化生产领域，例如，广播影视、舞台表演等，并不具有优势。但是，广州可以充分发挥门户作用，沟通国外国内的渠道，充分了解国际市场需求，根据国际需求在国内策划、定制相关的文化商品和服务。在传统海上丝绸之路的重要商品外销瓷的生产中，广州就曾经扮演了这样的角色。在当代文化产品和服务的产业链条不断扩展，并向国际化延伸的趋势下，如何实现有效的对接还需要中介的积极作用。因此，广州应当充分发挥门户作用，打造外向型文化精品的策划创作中心，积极把握文化产业价值链条的前端，充分掌握国际市场动态，引导国内的相关资源，从而将国外的文化需求和国内的文化生产连接起来，策划创作更多适应国际文化需求的文化精品。

4. 分定位三：增强辐射能力，打造文化服务离岸外包中心

文化服务能力是文化产业的重要内容，在国际分工合作日益紧密的背景下，

文化服务外包的趋势也日益明显。一些日本和欧美动漫企业在完成创意和设定后，将动画制作服务外包给中国的动漫企业。广州应当利用建设粤港澳自贸区的机遇，大力承接国际（离岸）服务外包业务，特别是抓住新兴动漫、网络游戏、虚拟现实、特技制作等技术含量相对较高，服务增加值明显的环节作为外包的重点发展方向。一方面，承接发达国家文化服务的转移；另一方面，积极拓展相对优势，针对发展中国家提供相对技术含量较高而价格更具优势的文化服务。在此基础上，不断提升服务辐射能力，扩大服务半径，扩大文化服务外包在服务贸易中的比例，形成新型的文化服务离岸外包中心。

（二）发展思路

1. 继承历史开创未来

广州曾经在海上丝绸之路历史上有过辉煌的地位，发挥过无可比拟的作用。传统必须继承，未来更要创造。在建设21世纪海上丝路的新历史时期，广州不能停留在过去的功劳簿上，等着自己的光辉历史让人挖掘，要看到全方位开放格局中百舸争流、千帆竞渡的场面，根据全球文化产业发展的新形势、新变化、新特点，充分结合广州自身的优势，把握战略机遇，全力投入到开创未来的竞争中去。

2. 立足本土拓展腹地

广州一直以来是对外开放的窗口，广州不仅仅是岭南的广州，更是全国的广州。历史上经广州出口的商品来自全国各地，经由广州进口的商品也销往全国。在21世纪海上丝路背景下，推动文化产业"走出去"，并不仅仅是让广州本地的文化企业和产品"走出去"，更是要助推全国各地的文化企业和产品"走出去"。在国内一些内陆和边远地区，尽管文化资源非常丰富，但是传播手段、流动方式、贸易平台、专业人才等方面还有很大的局限，使得"走出去"的能力还有很大不足。广州要立足本土，提升辐射和带动能力，积极拓展腹地，让全国各地的文化企业和产品通过广州能够更容易地"走出去"，形成中华文化百花齐放共同走向世界的局面。

3. 内外兼顾出入平衡

文化产业"走出去"并不是简单地把文化产品卖出去，让文化企业到国外去投资。中国在对外开放的进程中，更加注重"走出去"与引进来的平衡。正如著名的广交会自2007年4月第101届起由原来的"中国出口商品交易会"改名为"中国进出口商品交易会",由单一出口平台变为进出口双向交易平台。文化的交流更加是双向的,只有学习、吸收和借鉴世界各地更多优秀的文化资源,才能创作出更加精彩的文化作品,才能生产出更多符合其他国家和地区人民实际需要的文化产品来。因此,广州作为文化产业"走出去"的新门户,推动文化产业"走出去",要兼顾"走出去"和"引进来"之间的平衡,在交流中创新,在融合中创新。

4. 文化为基础带动全面

推动文化产业"走出去",其意义和目的并不是单纯的加快发展文化产业,而是充分发挥文化产业的优势,带动产业结构升级。因此要充分发挥文化产业上下游价值链长,辐射面广的特点,以文化产业"走出去"为杠杆,撬动文化产业的快速发展,也以此推动广州产业结构的转型升级,同时发挥广州中心城市的辐射作用,进而带动周边珠三角地区相关产业集群。在此基础上,促进文化产业与城市发展的联动,促进文化软实力与城市实力的融合,推动广州巩固国家中心城市地位,进一步提升在全国乃至国际的影响力。

四、推动广州文化产业"走出去"的对策建议

在建设21世纪海上丝绸之路的背景下,广州把握历史机遇,加快文化产业"走出去",提升文化影响力和经济辐射力,应该在以下几方面采取有力措施。

(一)全面深化改革,营造支持文化产业"走出去"的良好氛围

文化体制改革是全面深化改革的重要内容,其中重点之一就是文化的对外开放。必须通过全面深化改革,解放和发展文化生产力,为文化产业"走出去"营造良好的氛围。

1. 协调文化体制改革与经济体制改革,完善支持文化"走出去"的体制环境

当前文化产业"走出去"还面临着条块分割的问题,文化产品生产和管理主要归文化、广电、新闻出版等部门,但是在对外贸易中还需要外经贸、海关、营销、财税等相关部门的配合与支持。因此,在全面深化改革的背景下,需要将

经济体制改革与文化体制改革自觉结合起来，促进多种体制改革的联动，全面优化文化"走出去"的体制环境。建议在市文化体制改革与文化产业发展领导小组统筹协调下，成立由宣传部牵头，文广新、外经贸、海关等相关部门参与的文化对外贸易工作联席会议，定期交流工作，协调解决文化对外贸易发展中存在的突出问题，为推动文化产业"走出去"提供组织保障。同时，根据国家和省市关于文化产业发展的总体规划，统筹协调制定促进文化产业"走出去"的专项规划和实施细则。

2. 出台一批扶持文化产品和服务出口的政策措施，完善支持文化产业"走出去"的政策环境

在依法治国的总体要求下，作为地方政府，应该根据国家和有关部门支持文化产业"走出去"的相关政策，特别是已经出台的文化产品和服务对外贸易政策，制定实施细则抓好落实。积极探索加快地方文化立法的实践，结合广州实际，制定一批与文化产业"走出去"相关的产业促进、投资融资、财政支持、市场监管等方面的地方性法规和规章。加大政策扶持力度，在促进文化产业发展的宏观措施背景下，出台支持文化产业"走出去"的具体配套政策，切实加大对文化产业"走出去"的扶持力度，并适时根据国内外文化产业发展趋势进行补充修。加强对文化产品和服务的知识产权保护，加快整合现有文化领域行政执法队伍，形成统一高效的文化市场综合执法体系，为文化贸易提供健全的法制环境。

3. 提供良好的公共服务，优化支持文化产业"走出去"的服务环境

贯彻全面深化改革的决定，深化行政管理体制改革，加强对文化产业"走出去"工作的指导和服务。按照法制统一、公开透明的原则，规范政府行为，创造公平、公正、公开的市场竞争条件，优化文化产业"走出去"的外部环境。对优势文化产品出口和重点文化企业提供支持服务，创新通关模式和办法，建立"绿色通道"、简化手续、限时服务、创新管理模式等措施支持文化产业"走出去"，为文化企事业单位进行海外市场研究、输出版权、产品和服务出口通关以及投资等活动提供便利。健全完善文化产品和服务对外贸易统计分析体系等文化信息服务工作，编制文化产业对外贸易和投资指南，为政府科学决策提供准确依据，为文化企业做好市场营销和推广提供信息。

（二）增强文化企业实力，培育文化产业"走出去"的主体

文化产业"走出去"的主体是企业，要根据市场规律，推动文化市场主体多元化，形成以国有大中型文化企业为主体、多种所有制文化企业共同参与，各方面力量积极配合的文化产业"走出去"工作格局，增强国际化的拓展能力，着力培育外向型文化品牌和文化企业。

1. 培育具有较强竞争力的文化企业作为"走出去"的主力军

国有文化企业是广州文化产业的主力军，一大批企业也具有较强的竞争实力，并开始拓展国际市场。要鼓励有实力的文化企业适时加快产业融合，以资产为纽带加快资源整合，围绕做强做大目标，通过多元融资、资产重组、产权交易等方式，进行跨行业、跨所有制兼并重组，在出版发行、舞台表演、电影电视、动漫网游、工艺美术等行业培育一批经济实力强、经营模式新、科技含量高、产业辐射广的外向型骨干文化企业和企业集团。在广州新华出版发行集团、广州影视传媒有限公司改革成果的基础上，加大资本运作力度，推进上市准备工作，为尽快上市创造条件。借鉴中外演艺集团运作的先进经验，探索推进组建广州市文化演艺集团有限责任公司。加大扶持力度，鼓励更多的企业和产品申报国家《文化产品和服务出口指导目录》《国家文化出口重点企业目录》和《国家文化出口重点项目目录》，推动设立文化产品和服务出口专项资金，对入选企业和项目给予一定的配套资助。完善文化产品和服务出口表彰奖励制度，设立市级重点文化出口企业和项目的认定和奖励，跟踪和培育一批重点企业和重点项目。

2. 积极鼓励民营文化企业做强做大"走出去"

文化创意产业领域大量的民营企业具有生机和活力，要加快文化体制改革，降低市场准入门槛，进一步开放文化领域投资，为民营文化企业发展创造良好的环境，让民营文化企业"进得来、活得下、走得出"。由主管部门共同编制，定期发布《广州市文化产业投资指导目录》和《文化项目投资指引》，向社会传达政府关于开放文化产业投资领域的最新政策动向，要发挥珠三角地区民间资本活跃的优势，吸引和推动各种社会资本进入文化产业领域，鼓励和支持组建国有、集体、民营资本等参股的混合所有制文化企业。积极消除体制机制障碍，探索开放文化产品和服务出口资格，鼓励和支持符合条件的非公有制文化企业依法出口经营资格，从事书籍报刊、工艺美术商品、音像制品、演出剧目等文化产品和服

务的出口业务，鼓励有条件的非公有制文化企业与国有文化企业共同积极开展跨国经营，并与国外当地文化企业开展合资合作，打造一批方向正确、管理规范、机制灵活的非公有制文化产品和服务出口企业的市场领先者。

3. 大力发展文化市场中介组织，为推动文化"走出去"提供完善的服务支持体系

专业化中介机构如版权保护、文化经纪、广告宣传、代理、信息咨询等，是文化生产与市场的纽带。除了大型文化产业集团，绝大多数文化企业是小型、专业、精干的单位，不可能具有全方位的能力，在面对不同文化背景、法律环境、风俗习惯的海外受众时，要实现"走出去"面临很多困难。广州要发挥商都优势，大力培育扶持具有本土特色和竞争力的文化中介组织，如文化类经纪机构和营销机构的发展。同时积极吸引国外文化经纪和营销机构进驻，鼓励本土中介企业选择知名度高、实力强的境外文化中介机构进行合作，采取不同形式开展国际文化中介组织的创建、合作和经营，以带动、提高现有文化中介机构的整体实力，有条件的在境外直接从事对外文化输出活动。与中介机构合作提供公共的中介信息和服务，建设对外文化贸易公共信息数据库，收集整理各国文化贸易的主管部门、法律法规、重点企业、中介机构以及市场需求情况，方便文化企业获取相关信息，为开展文化贸易提供便利。

（三）创作适销对路的文化精品，丰富文化产业"走出去"的内容

文化产品的内容是竞争力的核心，要引导和支持文化企业打造外向型文化产品，不断提升文化的原创能力，推进文化内容形式和方法手段的创新，增强时代感和吸引力。

1. 鼓励创作充分展现中国和岭南特色，又结合国际市场需求的文化精品

文化产业"走出去"的关键是要开发出大批既代表中国文化特色，又为国际文化市场所欢迎的优秀产品，要引导文化企事业单位创作弘扬中华优秀文化，展示当代中国和岭南形象，又适应海外受众的文化精品。发挥传统优势，重点培育非物质文化遗产、岭南音乐、岭南书画、粤剧、三雕一彩一绣等民间工艺等适于对外文化交流的优势门类，打造岭南工艺品牌。建立具有岭南特色的艺术门类创作生产基地，加强现代文化产品开发，加大对优秀传统文化资源的挖掘、包装、整合与推广，创作具有鲜明中华风采和岭南特色的影视剧、舞台演出、出版

物、造型艺术、动漫游戏产品。以重大文化项目带动发展，培育和开发具有自主知识产权、有国际竞争力的文化出口企业和项目，创作生产更多具有岭南风格的原创性文化产品，推出高水准、面向国际市场的商业展演项目。

2. 不断增强文化创新能力，在继承优秀传统文化的基础上打造具有时代特色的文化精品

要处理好传统与现代、继承与创新的关系，积极扶持创作一批既蕴含传统岭南文化元素，又跟得上时代的创新作品。充分发挥岭南文化开放包容、创新务实的特点，增强时尚与传统的相互融合，在时尚中继承传统，在传统中融入时尚，为岭南特色文化产品在海外广泛传播奠定基础。把握文化新业态兴起的趋势，大力推动文化产品的主题内容、表现形式、传播渠道的创新，在题材、内容、风格和载体等方面进行不断尝试。加强出口文化产品和服务的技术创新，鼓励和支持文化企业增加对面向国际市场出口文化产品和服务的投入，更多地运用现代技术增强文化产品和服务的表现力和吸引力。了解国际文化市场发展趋势，不断吸收世界各国优秀文化资源，充分发掘现代社会生活崭新元素，让岭南风格文化产品和服务为更多国家受众认可和接受。

3. 开创定制改型的专项加工业务，推动文化生产的加工贸易

由于各国社会文化环境的差异，面向海外市场的文化产品、服务即使内容相同，也需要适应消费对象的表达方式，开发国外文化市场并不是将现成的文化产品原样照搬或者简单翻译。输出文化产品和文化服务要充分考虑跨文化交流中的障碍因素以及当地人文因素和特质，针对特定的海外目标市场进行定制或改造。因此，要注重相关产业链的培育和打造，积极发挥代理公司和中介机构的作用，加强文化产品和服务的定制改型和专项加工。尤其是可发挥"加工贸易"的优势，打造文化产业的"加工贸易"基地。一方面招徕国外剧组、文化企业等来穗从事文化产品的后期制作等文化生产活动；另一方面，积极吸引国外文化企业将中间生产环节转移到国内，发展市场在外的接单生产业务。

（四）坚持借船与造船并举，建设多元化的"走出去"渠道

在国际文化贸易中，渠道和平台的多样性对贸易的流量有着重大的影响，多样化的渠道和平台是"走出去"能力的重要体现。既要充分利用好国际主流媒体渠道，同时也要加强国内兄弟城市之间的协作，还要积极打造广州特色和品牌

的自主渠道，努力打通国内文化产品与外国市场之间的通道。

1. 积极抢占国际主流传播渠道，支持参加国际知名展会和活动

支持并组织广州以及珠三角地区外向型文化企业到海外参加国际文化展会，如参加各种演艺交易会、艺术节、艺术博览会、双年展、图书展、电影电视节、动漫游戏节等展会和文化活动，积极开展商贸推介，把口碑评价高、市场效益好的文化产品和服务推向国际市场。为具有国际市场潜力的优秀文化产品和项目参与重大国际文化活动开展国际营销提供便利，支持文化企业，进一步扩大文化企业国际影响力。对各个节展和活动要留存相关信息，并根据类型、特点做出评价和指引，以便让国内企业更好地进行选择。

2. 加强与国内其他城市合作，积极利用中央和其他地区的渠道

中央主要媒体是海外关注中国发展的重要渠道，国家级的对外文化活动更是我国对外传播的主要平台。要鼓励本地文化企业充分利用这些平台，通过各种合作方式中央重要媒体增加关于广州文化发展的报道，在国家级对外文化活动中增加广州文化项目和内容。支持并鼓励文化企业参加国家重点支持、在各个兄弟城市举办的文化展会如中国（深圳）国际文化产业博览交易会、中国北京国际文化创意产业博览会等，借助已有平台推动文化对外贸易。同时，学习中央和兄弟城市举办展会、建设渠道的先进经验，促进我市自有渠道的改进和提升。

3. 打造以广州为基地、具有一定国际影响力的自主渠道

积极整合全市资源，统筹规划对外交流的重点项目和活动，倾力打造以广州为基地有岭南特色、有国际影响的渠道品牌。对现有渠道和平台，要不断总结和提升，积极寻求广州作为文化产业走出去门户与国际文化市场的交流和贸易接口。寻求驻外机构的协助，积极搭建对外文化贸易平台，通过国际合作、委托代理、发展出口基地和境外直接投资等多种形式，积极拓展多元、自主的文化贸易和企业"走出去"渠道，为企业进入国际市场铺设道路。

（五）完善重大基础平台建设，打造文化产业对外贸易基地

扶持建立对外文化贸易基地，鼓励在境外逐步建立文化产品的营销网点，逐步形成多渠道、多层次国际市场营销网络，培育对外文化贸易优势行业。

1. 加快文化产品和要素国际交易平台建设，不断扩大知名度和影响力

充分发挥利用好广州"千年商都"的品牌和商贸业发达的优势，加快建设

文化产品和要素的交易平台。广州的文化会展商贸的影响与广州文化产业的发展现状以及广州在国家城市中的地位严重不匹配，需要进一步整合相关资源，利用会展产业优势，推出自己的文化创意产业博览会，可在原有"艺博会"基础上进一步扩大规模，增加展馆面积，加大招商力度，打造广州文博会的品牌。加大力度整合广州现有的各类文化节庆活动，如中国音乐"金钟奖"、中国（广州）国际纪录片节、中国（广州）优秀舞台艺术演出交易会、中国国际漫画节、广州艺术节、羊城国际粤剧节等，采取国际化、市场化、社会化办节模式，促进文商结合，将节庆活动的交易平台功能充分发挥出来，不断增强商业效益，才有可能长久保持活动的生命力，并在此基础上不断扩大影响力和知名度，形成文化产品交易平台的制度化机制，将广州打造为国际知名的文化产品和要素新商都。

2. 建设申报国家对外文化贸易基地，形成文化"走出去"的集约优势

2011 年文化部将设立在上海外高桥保税区内的上海国际文化服务贸易平台命名为国家对外文化贸易平台，这是全国首个国家级对外文化贸易基地。文化部关于促进中国文化产品和服务"走出去"总体规划中提出，可根据需要有选择地在重点口岸建立文化部对外文化贸易出口基地和服务平台。广州可以学习上海经验，打造对外文化贸易基地，同时积极向文化部申报国家级平台。根据广州实际，可在现有的战略发展平台中，选择北京路文化核心区、南沙新区、天河智慧城等平台为基础，打造文化对外贸易基地。争取获得文化部的授牌，再以分园的形式，将基地的服务功能延伸到各个园区。根据各自的基础，发挥各自优势，形成错位竞争，打造成为文化产业"走出去"的内容和技术集成平台和产品、服务交易集散地。扩大对外文化贸易基地的影响，吸引多种所有制形式的文化企业进园集聚发展，鼓励企业开发针对国际市场的文化产品和服务，形成文化出口集聚园区，逐步发挥集聚优势。充分发挥基地的桥梁作用，尤其是吸引国内外从事文化产品进出口业务的企业、文化采购商、文化中介公司、文化投资商等借助对外文化贸易基地与文化企业开展合资与合作，提供完善的配套服务，搭建海外知名文化企业与国内文化企业进行战略合作的桥梁。

3. 完善版权贸易基地服务平台，强化版权贸易服务的辐射功能

在新闻出版广电总局授予国家版权贸易基地的基础上，进一步加大国际文化产权、版权和物权的交易，打造成为广州支撑文化产业"走出去"的重要服务平台，吸引一批国内知名的文化出版商和原创性文化企业入驻基地，积极拓展交

易基地的展示功能、交易功能和保税服务功能，鼓励版权贸易基地入驻企业同国内外知名出版商合作编制重点版权产品交易目录。充分利用信息技术条件，积极推动文化产权和版权网络推广和交易，形成统一规范的网络交易流程。利用基地举办有利于推动版权产业发展和版权贸易的各类综合和专业性会议、展览、培训等活动，不断扩大基地的知名度和影响力。

（六）开展国际市场需求研究，开发定制化的营销服务

在海上丝绸之路的历史中，广州曾经根据国外的需求订制国内的产品，成为沟通国际需求与国内生产的中介，现在更要大力开展国际文化市场研究和咨询业务，积极发展文化中介与营销企业，针对不同文化市场需求特点提供定制化服务。

1. 深入研究海上丝绸之路沿线国家经济社会文化条件，构建文化需求的公共信息数据库

要深入分析当今世界文化消费市场的总体趋势，充分研究不同国家和地区受众的文化偏好、审美情趣、消费习惯，深入研究文化贸易主要对象国家和地区，特别是海上丝绸之路沿线国家和地区，欧、美、澳洲华侨华人较为集中主要城市的文化需求特征。在掌握和了解国际市场文化需求的基础上，认真研究受众，细分市场，建立国际文化需求的数据库，并跟踪调查和分析反馈信息，根据受众需要，为国内文化企业策划产品和服务，力争提供定制化的文化产品和服务，努力打造适销对路的项目和产品。根据目标市场的需求特征，灵活运用多样化的传播和推广策略，为文化对外贸易提供有效的支持服务。

2. 区分目标市场，实施差异化的市场战略

要树立现代营销观念，区分不同市场特征，选择重点目标市场，制定相应的市场战略。按照先易后难与重点突破并举的原则，根据不同国家地区文化需求的差异，实行有重点、有差异的文化产业"走出去"策略。先易后难原则就是根据地缘远近、中国文化资源的传播与推广程度、华侨华人分布等因素对地理区域进行划分，首先重点开发华人华侨聚集人数较多的国家和地区，如东南亚；以及较多华侨华人居住的欧、美、澳洲重点城市；然后再逐步推广到其他国家和城市。在国际文化市场中，东南亚地区与中国的地理位置接近、文化特性相似、华侨华人众多，对相关文化产品的需求较大，应当作为广州文化产业"走出去"

的重点突破地区。

3. 加大市场营销推广，建立国际市场的营销网络

面对陌生的国际市场，市场营销的目的就是要是使企业的生产与消费者的需求之间实现最优匹配，让双方的利益得到最大限度满足。文化产业要实现规模化的"走出去"，最终要建立起自己在目标市场的营销网络。因此，鼓励各类文化企业到海外逐步建立营销渠道，可以采取合作或共建的模式。充分发挥媒体产业优势，鼓励支持主流媒体与境外媒体建立长期稳定的交流合作机制，通过合作栏目、节目，共享信息资源，与文化企业合作开展文化活动等多种方式，建立多媒体、跨平台、覆盖不同地区的传播媒体网络。

（七）强化与港澳合作，形成文化产业"走出去"合力

广州与港澳地区的文化根源相通，经济合作密切；同时港澳地区国际化程度较高，港澳文化创意产业也极具特色。广州可以加强与港澳地区的合作，充分利用国际化平台的资源，共同形成文化产业"走出去"的合力。

1. 积极引入港澳文化创意企业，推动传统企业转型升级

广州以及珠三角地区一直以来是港澳地区对大陆投资的重点区域，产业互补性很强。大量港资企业面临着转型升级的重任，在 CEPA 系列协定的推动下，两地经济合作的深度和广度都在不断提升，而共同的文化基础也使得两地文化创意产业在未来交流合作的空间巨大。广州可以在原来与港澳经济密切合作的基础上，加强文化创意产业领域的合作力度，借助港澳文化创意产业在国际上的知名度和影响力，在文创园区内开辟港澳专区，引进更多技术水平高、创意新颖的文化创意企业。同时充分发挥广州中心城市的辐射作用，特别是结合珠三角地区港资企业密集的特点，利用文化创意带动周边港资传统产业的转型升级。

2. 借助港澳地区国际化的优势，形成文化产业"走出去"的跳板

国内很多城市都在利用全球化背景下全面开放的格局，大力开展对外合作；也可以利用同文同种的优势，组织本地优秀的文创企业与港澳方面合作开发市场，为进一步走向国外积累经验。在完成内部整合的基础上，充分利用粤港澳大平台，形成文化产业"走出去"的跳板，推动与东盟以及海上丝绸之路沿线国家的合作，进一步提升广州作为文化产业"走出去"新门户的枢纽作用。

3. 把握广东自由贸易区建设机遇，推动文化加工贸易发展

广东利用毗邻港澳、对外开放程度高的优势，以原有南沙、前海、横琴等区域为基础，面向港澳合作的广东自贸区已经获批。港澳地区国际化程度较高，与东盟等海丝沿线国家联系密切，广州可以充分利用其国际化平台的优势，把握建设广东自由贸易区的机遇，以南沙片区为基础，进一步整合三地资源，在三地之间互相带动，从自由贸易区的功能与特征出发，充分利用自由贸易区推动文化贸易。尤其是结合珠三角地区加工贸易发达的优势和特点，积极发展文化产业的加工贸易，吸引海丝沿线国家的文化资源和资本，积极开发针对海丝沿线国家的文化商品。

第五章 建设 21 世纪海上丝绸之路与广州企业"走出去"战略研究

一、21 世纪海上丝绸之路建设的时代背景与战略内涵

(一) 时代背景

建设 21 世纪海上丝绸之路,是 2013 年 10 月习近平总书记访问东盟国家时提出来的重要战略构想。党的十八届三中全会进一步明确提出,要推进 21 世纪海上丝绸之路建设,形成全方位开放新格局。21 世纪海上丝绸之路战略是以习近平为总书记的党中央,立足中国实际,着眼世界大局,站在历史的高度,以实现"两个一百年"为目标,提出的面向未来的时代抉择。

1. 海上通道通畅越来越关乎中国经济安全

作为世界第一贸易大国,我国早已跻身于中等贸易依存度国家行列。2014 年我国对外贸易依存度为 41.53%,其中进出口货运总量的约 90% 都是利用海上运输的。南海、印度洋"海上大通道"是中国通向东南亚、南亚、中东、西亚、非洲和欧洲的交通、贸易、能源通道,中国进口原油约 80% 必须通过印度洋、南海"海上大通道"才能运抵中国沿海;而通过马六甲海峡的船舶中,有 60% 开往中国。随着中国海外利益的进一步扩展和经济对外依存度的增加,海上通道安全通畅问题,已经成为掣肘中国经济发展、影响中国经济安全的刻不容缓的问题。

2. 中国经济的持续发展需要拓展更大的外部空间

自 2008 年美国次贷危机爆发以来,在世界金融危机、欧洲债务危机、日本经济低迷的持续影响下,中国的外部经济环境发生了巨大变化,欧、美、日等发

达经济体消费需要疲软、经济复苏之路艰难,导致中国对发达经济体出口压力增大。而这种压力也衍生出越来越多的贸易、技术和知识产权摩擦,这些极大地掣肘了长期受惠于外向型经济拉动的中国经济。与此同时,新兴市场国家群体性崛起,在世界贸易中所占的份额迅速提高(2011年占世界贸易总额比例达到38%),发展与新兴市场国家的经贸关系成为中国拓展外部经济发展空间的重要方向。

3. 国际发展格局重新洗牌,中国需要成为制订国际规则的参与者

进入21世纪,全球化加速向纵深发展,世界范围内资源、市场、技术等方面的竞争日益激烈,世界主要大国竞相争夺未来发展主动权和国际关系主导权,发达国家试图继续主导世界经济发展,新兴大国则试图建立新的国际经济安排,推动改变游戏规则。中国经济总量已位居世界第二,对外贸易跃居世界第一。作为具有全球影响力的新兴大国,中国对世界经济社会的发展负有责任,中国必须由过去的国际规则的接受者变为规则制订的参与者,需要在新的起点上谋划中国走向未来的全球战略,以积极的姿态参与全球治理,在国际发展格局重新洗牌中抢占制高点。

4. 区域经济合作已成为国家或地区参与经济全球化进程的必然选择

自20世纪90年代末以来,新一轮区域经济合作以前所未有的速度向前推进,几乎覆盖了所有国家和地区,区域经济合作浪潮已成为当今世界经济贸易发展的新特征。在由多边贸易体制所主导的世界贸易自由化范围持续扩大与程度日益加深的影响下,世界各区域经济体内部经济贸易政策的调整,经济结构的变化,区域经济的合作领域和合作层次也在逐渐扩大和深入,区域经济合作的形式与机制更加灵活多样,区域经济合作与多边贸易体制关系日益密切,双边或多边自贸区(FTA)成为区域经济合作的主流。新一轮区域经济合作所呈现出来的新变化正在对全球经济运行机制和发展格局产生显著而深远的影响。

(二)战略内涵

我国提出建设21世纪海上丝绸之路,是希望发掘古代海上丝绸之路特有的价值和理念,并为其注入新的时代内涵,积极主动地发展与沿线国家的经济伙伴关系①，为中国经济的持续发展拓展战略空间。具体而言，建设21世纪海上丝绸之路，是以"和平发展、合作共赢"为主题，积极主动发展同海上丝绸之路沿线相关国家的经贸合作关系，扩大彼此间的利益汇合点，共同打造政治互信、经济融合、文化包容、互联互通的利益共同体和命运共同体，实现沿线各国的共同发展与繁荣，为中国经济的持续发展拓展空间，构建我国全方位开放的新格局。21世纪海上丝绸之路主要包括以下四个方面的战略内涵②：

1. 保障货物自由贸易、要素自由流动的运输通道

21世纪海上丝绸之路是一条基于古代海上丝绸之路，通过中国参与拓展的国际运输通道。21世纪海上丝绸之路与古代海上丝绸之路有着重要的历史渊源，但不限于传统的海上丝绸之路，它是具有现代意义的通道，不仅是海上运输通道，而且还包括航空运输和管道输送方式，以及陆地通道，其基本定位就是保障"货物自由贸易、要素自由流动"。

2. 联结亚洲、非洲、欧洲各国的贸易与经济纽带

21世纪海上丝绸之路是一条由沿线节点港口互联互通构成的、辐射港口城市及其腹地的贸易网络和经济带。通过21世纪海上丝绸之路把有关国家内陆与沿海港口连接起来，通过陆地丝绸之路给予有关内陆国家出海通道，赋予沿海港口"桥头堡"功能，将陆地丝绸之路向海上运输通道延伸。

3. "和平、合作、共赢"的新国际经贸安排

21世纪海上丝绸之路作为一条海上国际运输通道，必然受到一系列规则或制度的约束，包含了中国与各条航线节点国家建立的经贸合作关系，以及经贸合作规则和制度建设。积极参与全球治理，用"丝绸之路"、"和平、合作、共赢"的理念与精神，通过一系列国际协议或协定，对当前正在进行的各种各样的合作进行整合，使它们相互连接、相互促进，产生"一加一大于二"的效应，形成新的国际经贸安排，促进多边贸易、投资和经济合作，形成21世纪海上丝绸之路沿线国家的经济共同体。

4. 构建中国开放型经济体系的平衡器

改革开放以来，中国与发达经济体的经贸合作较为密切，对外经贸发展不平

---

① 章骞：《海权与海上丝绸之路》，《经济观察报》，2014年12月9日。
② 陈万灵、何传添：《海上丝绸之路的各方博弈及其经贸定位》，《改革》，2014年第3期。

衡。2012年，中国对发达经济体出口占67.9%，对新兴及发展经济体出口占32.1%。同期，中国实际利用外资来源国前十位是发达国家，占91.4%；对中国香港、美国、东盟、欧盟、澳大利亚、俄罗斯、日本7个主要经济体的投资占同期对外直接投资总额的79%。由此可见，中国外经贸发展具有不平衡性，加强与新兴及发展经济体的外经贸关系十分必要。21世纪海上丝绸之路沿线国家多是发展中国家，对中国外经贸平衡发展会起到重要作用。

二、21世纪海上丝绸之路沿线区域投资环境分析

（一）21世纪海上丝绸之路的概念及区域界定

海上丝绸之路是相对于陆上丝绸之路而言的，是中国古代对外贸易和文化交流的海上通道。海上丝绸之路是一个动态的概念，从秦汉到明清，随着航海技术、贸易商品、交流内容的演变，海上丝绸之路的内涵、性质和航线在不同历史时期是不同的。

关于海上丝绸之路的概念，史学界的学者作了大量的前期研究，内容包括：海上丝绸之路的发源地、航线、目的地、贸易物品、运输工具、人物、民族及社会文化交流等。[1]

海上丝绸之路的概念最早由日本学者三杉隆敏提出，从中国学者的视角看，海上丝绸之路应当界定为以丝绸贸易为象征的、在中国古代曾长期存在的、中外之间的海上交通线及与之相伴随的经济贸易关系。[2]从西方学者的视角看，海上丝绸之路还包括欧洲、非洲、西亚、南亚各国古代向东航行到达中国和东南亚的航线及其经济文化交流。[3] 目前，学术界对海上丝绸之路界定尚无定论，但有一

---

[1] 耿昇：《2001年海上丝路研究在中国（上、下）》，《南洋问题研究》，2003年第1期，第70～79页；张华、赵逸民：《南海击波 丝路论道——"南海海上丝绸之路学术研讨会"会议综述》，《海南师范大学学报（社会科学版）》，2012年第1期，第164－166页。

[2] 赵春晨：《关于"海上丝绸之路"概念及其历史下限的思考》，《学术研究》，2002年第7期，第88～91页。

[3] 冯定雄：《新世纪以来我国海上丝绸之路研究的热点问题述略》，《中国史研究动态》，2012年第4期，第61～67页。

个基本共识,即认为丝绸之路从来就不是一条固定的有形道路,它代表的更是一种精神和文化。①

根据古代海上丝绸之路的演变格局,一般把历代海上丝绸之路分为三大航线:一是东洋航线,由中国沿海至朝鲜、韩国和日本航线;二是南洋航线,由中国沿海至东南亚诸国的航线;三是西洋航线,由中国沿海港至南亚、西亚和东非沿海及至美洲诸国的航线。为了契合国家战略现实的需要,本研究暂时略去东洋航线,主要关注南洋航线和西洋航线。据此界定一个狭义的21世纪海上丝绸之路:从中国沿海港口出发,途经东南亚、南亚、波斯湾、红海湾及印度洋西岸各国的航线,通过沿线港口及其城市合作机制建立起来的国际贸易网,包含了沿线国家的海洋经济合作关系。鉴于此,21世纪海上丝绸之路航线大体上分为三段:东南亚航线、南亚及波斯湾航线、红海湾及印度洋西岸航线。②

(二) 21世纪海上丝绸之路沿线区域投资环境分析

1. 中国至东南亚航线

该航线节点国家包括:越南、菲律宾、马来西亚、新加坡、印度尼西亚、柬埔寨、泰国、文莱、缅甸9个东盟国家。老挝作为东盟唯一的内陆国家,虽然航线不直接抵达该国领土,但仍能受惠于该段航线的辐射。从区域经济合作的角度,我们将整个东盟纳入中国至东南亚航线国家。东盟10国总面积约448万平方公里,2012年人口约6.86亿人,GDP为2.32万亿美元。③中国与东盟国家山水相连、血脉相亲、经贸关系密切,中国—东盟自由贸易区、中新自由贸易区、中国—东盟自由贸易区升级版、2+7合作框架等是中国与东盟共建21海上丝绸之路的基础。中国驻东盟大使杨秀萍表示:东盟是21世纪海上丝绸之路建设的优先方向。④据悉,未来几年内中国与东盟将继续加强宏观经济政策协调、协商制定区域合作规划;推进交通基础设施互联互通,开展泛亚铁路等重大项目建设,打造双方陆海空立体交通网络;推进中国—东盟自贸区升级版谈判,提高贸易与投资便利化水平;利用双边货币互换、清迈倡议多边化、亚洲基础设施投资

---

①②③陈万灵、何传添:《海上丝绸之路的各方博弈及其经贸定位》,《改革》,2014年第3期。
④2014年7月22日,中国驻东盟大使杨秀萍接受中国新闻社"新世纪丝绸之路华媒万里行"记者团时表示。

银行等双、多边金融安排，扩大本币互换、清迈倡议多边化、亚洲基础设施投资银行等双、多边金融安排，扩大本币结算，开展相互融资，共同抵御金融风险。上述合作的目标是使得中国与东盟贸易额在 2020 年达到 1 万亿美元，未来 8 年新增双向投资 1500 亿美元。

2. 中国至南亚及波斯湾航线

中国至南亚及波斯湾航线地处西亚、中亚和南亚交汇处，南濒印度洋，该航线节点国家包括印度、孟加拉国、斯里兰卡、巴基斯坦、伊朗、伊拉克、科威特、沙特阿拉伯、卡塔尔、巴林、阿拉伯联合酋长国、阿曼 12 个国家。该航段区域 855 万平方公里，2012 年人口约 17.48 亿人，GDP 为 4.53 亿美元。[①]我国与南亚之间的合作基础早已形成：印度洋是我国重要的出海通道；我国劳动力成本快速上涨、用工紧缺，而南亚国家拥有丰富的青壮年劳动力资源，人口红利尚未达到峰值，可以承接我国劳动密集型产业的转移；中国与南亚之间呈现梯度发展态势，有利于双方在市场、资金、技术方面的垂直交流；此外，中国与南亚经贸关系日趋紧密，双方发现并开始重视与对方的关系，实现中国与南亚合作的常态化和机制化已成为各方共同的目标。海湾国家是阿拉伯世界中与中国贸易额最大的经济体，是中国第七大贸易伙伴，与中国有着不断增长的共同利益。并准备与中国签订自由贸易协定，双方经贸关系将提升到从未有过的高度。2014 年第六次"中阿合作论坛"的数据显示，2004—2013 年 10 年间，中阿贸易额年均增长 25%，2003 年已达 2390 亿美元。同时，中国从该地区的石油进口从 200 万吨增长到了 1.33 亿吨，年均增长 12%；承包工程额从 26 亿美元增长到 290 亿美元，年均增长 27%；来自中国公司的直接投资从 1700 万元美元增长到 20 亿美元。

3. 中国与红海湾及印度洋西岸航线

该航段节点国家包括也门、埃及、苏丹、厄立特里亚、吉布提、索马里、肯尼亚、坦桑尼亚、莫桑比克 9 个国家。该航段区域 714 万平方公里，2012 年人口约 2.75 亿人，GDP 为 4507 亿美元，经济发展相对落后[②]。航线虽然抵达这 9 个国家，但它辐射的是整个非洲。近年来，在全球经济复苏乏力的背景下，中非贸易仍然持续了较快发展的态势。2009 年，中国成为非洲第一大贸易伙伴国，此

[①②] 陈万灵、何传添：《海上丝绸之路的各方博弈及其经贸定位》，《改革》，2014 年第 3 期。

后两年多时间,中非贸易规模迅速扩大。2012年,中国与非洲贸易总额达到1984.9亿美元,同比增长19.3%。目前中国已成为非洲最大的贸易伙伴国,非洲成为中国重要的进口来源地、第二大海外工程承包市场和第四大投资目的地。中国与非洲地区组织和机构的合作不断加强,且日趋制度化、机制化。2011年以来,中国先后与东非共同体、西非国家经济共同体签署了《经贸合作框架协议》,共同开展在贸易便利化、直接投资、跨境基础设施、发展援助等方面的合作。中国进出口银行、中国农业银行等分别与非洲开发银行签订了合作框架协议,就基础项目融资、中小企业发展等问题开展合作。此外,中国还与非洲地区知识产权组织等机构达成相关协议,推动中非经贸关系向更高水平迈进奠定基础。通过中非双方的共同努力,中非经贸合作基础更加坚实,机制更加完善,不断涌现新的合作契合点和增长点。特别是2013年3月,中国国家主席习近平访问非洲,宣布一系列支持非洲发展的新举措,为推动中非经贸关系迈上新台阶注入了强大动力。

除中国外,21世纪海上丝绸之路涉及31个航线节点国家,2012年的人口27.09亿人,生产总值7.3万亿美元。加上中国,整个21世纪海上丝绸之路涉及32个国家,约40亿人口,占世界人口的63.49%;生产总值约16万亿美元,占全世界生产总值的22.32%,这是一个人口众多、区域广阔的沿海经济带。沿线各国存在着国情、制度和发展阶段的差异,但都实现了快速增长(见表5-1)。2007—2012年,最低年均增速都达到5.27%(苏丹),最高年均增长速度达到22.83%(缅甸),都快于国际金融危机后的发达国家各国平均增速。[①] 由此可见,21世纪海上丝绸之路正逐渐成为引领世界经济增长的重要区域,成为改变世界经济版图的新兴力量。

---

① 陈万灵、何传添:《海上丝绸之路的各方博弈及其经贸定位》,《改革》,2014年第3期。

表 5-1 21 世纪海上丝绸之路区域基本情况①

国别	幅员面积（万平方公里）	2012 年人口（百万人）	2012 年GDP（亿美元）	GDP 区域构成（%）	人均 GDP（美元）	2007—2012 年GDP 年均增长率（%）
合计	2018.28	2708.92	73126.07	100.00	—	—
东盟航线	448.07	686.13	23233.78	31.77	835～51709	6.72～22.83
南亚及波斯湾航线	855.35	1747.66	45384.57	62.06	818～99731	6.81～18.81
红海湾及印度洋西岸航线	714.85	275.13	4507.72	6.16	504～3256	5.27～18.59

注：人均 GDP、GDP 年均增长率取各国从小到大的区间值。
资料来源：根据各有关国家网站数据整理。

三、广州企业"走出去"的现状、特点及问题分析

近年来，特别是 2008 年国际金融危机以后，广州企业开始加速"走出去"，融入国际市场，充分利用国内外"两个市场、两种资源"，拓展对外合作空间，不断增强全球资源配置能力和自主发展能力。广州企业正迈入跨国经营快速发展的新阶段。

（一）总体概况

作为珠江三角洲经济圈的核心城市，广州与世界经济的联系十分紧密，广州许多企业也具备了对境外投资，开展跨国经营的能力。随着全球化的深入和区域经济一体化的推进，我国与世界经济的融合度进一步提高，广州企业到境外投资开始进入快车道。

2008 年国际金融危机爆发后，国际国内经济环境发生了巨大变化，一方面，

---

① 陈万灵、何传添：《海上丝绸之路的各方博弈及其经贸定位》，《改革》，2014 年第 3 期。

美国次贷危机、欧债危机,美、欧经济低迷,全球对外直接投资乏力,大多数发达国家、发展中国家非常欢迎中国资本进入以提振本国经济,并对中国资本采取了更加开放的政策。另一方面,国内投资环境,尤其是制造业环境不是特别好,人工成本快速上涨、外需乏力等,使得很多企业热衷到海外投资创业。此外,人民币升值也使企业"走出去"投资的成本大大降低。这些国内外环境的变化,为广州企业海外投资提供了非常好的机遇。2008—2012年,广州企业境外投资实现了迅猛增长,五年累计投资(中方投资额)17.94亿美元,年均增长127.74%。截至2013年年底,广州市累计协议总投资额近59亿美元,核准办理境外投资企业近600家。从区域分布情况看,广州境外投资企业分布全球六大洲、60多个国家和地区,占全球国家(地区)的近28%。从行业分布看,对外投资贸易类项目占主导。2012年,广州市企业对外投资贸易类项目有73个,占全市境外投资项目总数的61.3%。从企业经营类型上看,广州境外独资经营企业占绝大多数,2012年,广州新增境外企业97个,其中独资经营企业84个,占比为86.6%。2013年广州办理境外投资项目116个,派出劳务人员11282人(次),协议总投资额20.02亿美元,同比增长181.25%,占全省份额的1/3。

(二) 主要特点

1. 对外投资规模持续扩大,广州进入境外投资快速增长期

据统计数据显示,2008—2012年五年间,广州企业对外投资额从2007年的767万美元增长到2012年的46990万美元,总量增长60多倍,年均增长127.74%,高于全国和全省的增幅。2013年1—10月份广州企业办理境外投资项目共计91个,协议总投资额达17.07亿美元,同比增长178.05%;中方协议投资额达16.17亿美元,同比增长171.85%。高于全国和全省的增幅,也高于上海、深圳等先进城市。广州企业境外投资开始进入一个快速增长的时期。

2. 对外投资领域不断拓展,贸易类投资项目比重较大

近年来,广州对外投资领域不断拓展,主要涵盖资源开发、工程承包、医药境外研发、展销展示平台、仓储物流、货运代理、农业合作、有线电视、软件、文化等行业。其中,建立品牌专卖店、生产企业和技术研发逐渐成为企业新的选择,矿产、林业、原油等资源开发和金融租赁、地产服务以及跨国并购成为广州企业"走出去"的新亮点。另外,贸易类境外投资项目占据较大份额。据

2008—2012年统计数据显示，在广州企业对外投资项目数中，贸易类项目数比重逐年上升，2009—2012年，贸易类项目占比从33.78%上升至2012年的64.95%，每年以10个百分点递增。2013年1—10月的数据，贸易类投资项目仍占主导，共有49个项目，占比达到53.84%。对外投资大项目主要是资源开发、地产开发和金融租赁。

3. 民营企业在境外投资中占主导，境外投资保持活跃态势

民营企业在境外投资项目中占主导地位。根据2008年、2009年、2011年、2012年四年的数据统计，广州民营企业对外投资项目总计222个，占全市境外投资项目总数的66.87%。此外，广州民营企业境外项目投资额占比也逐渐增大。2008年广州民企境外投资项目投资额占比不到25%，2011年已达到84%，2012年略有回落，也达到55.3%。2013年1—10月，广州民营企业对外投资共有71个项目，同比增长18.3%，占项目总数的78.02%，中方投资额达12.29亿美元，同比增长近3倍。民营企业境外投资生力军的作用日益明显，境外投资持续呈现活跃态势。

4. 境外投资大项目明显增多，单个项目规模持续扩大

2008—2012年五年间，投资额500万元以上的项目从2008年的2个，上升到2012年的41个。每年对外投资的大项目数量快速增加，呈现加速增长的趋势。（见表5-2）

表5-2 2008—2013年境外投资大项目构成

	2008年	2009年	2010年	2011年	2012年	2013年1—10月
500万美元以上的项目（个）	2	20	28	23	41	36
1000万美元以上的项目（个）	0	7	7	9	—	注：平均每个项目超过1800万美元
9000万美元以上的项目（个）	—	—	—	—	—	8

资料来源：《广州年鉴（2009—2013）》。

2013年1—10月对外投资项目，平均每个项目超过1800万美元，其中：投资额500万美元以上项目共有36个，占项目总数的40%；投资额9000万美元以

上大项目共有8个,占项目总数的8.1%;中方投资额共计11.3亿美元,占比68.5%。

5. 境外投资主要集中在港澳、东盟和北美,多元化趋势开始显现

根据2008—2012年五年数据统计,按区域划分,港澳地区是广州市企业"走出去"发展的首选之地,资金额度和项目数均排第一。其次是东盟,然后是非洲、北美。就单一经济体而言,香港是外吸收广州企业境外投资项目、资金最多的单个经济体,五年间分别吸收广州境外投资项目182个,占比为48.4%;资金10.87亿美元,占比为60.6%。美国是吸收广州企业境外投资项目、资金第二多的单个经济体,五年间分别吸收广州境外投资项目53个,占比为14.1%;资金1.08亿美元,占比为6%。(见表5-3)

表5-3 广州企业境外投资市场排序

按项目数排序	地域	项目数占比(%)	按资金额排序	地域	资金额占比(%)
1	港澳	50.27	1	港澳	61.75
2	北美	15.24	2	东盟	14.51
3	欧洲	8.29	3	非洲	8.33
4	非洲	8.02	4	北美	6.72
5	东盟	7.75	5	南美	2.84
6	中东	3.21	6	欧洲	2.54
7	东亚	2.14	7	中东	1.83
8	澳洲	1.60	8	东亚	0.67
9	南美	1.60	9	澳洲	0.22
10	西亚	0.80	10	西亚	0.05
11	南亚	0.53	11	南亚	—

资料来源:《广州统计年鉴》。

广州企业境外投资市场进一步向多元化发展,在境外投资项目中有50多个港澳以外的市场,接近总项目数的50%,总资金额的40%。除东盟、美国等传统市场外,非洲、南美、朝鲜和中国台湾等新兴市场的开拓也取得成效。

(三) 存在的问题

1. 对外直接投资规模偏小,与自身经济实力不相称

根据英国里丁大学邓宁教授对发展中国家提出的"投资发展周期理论"(Investment Development Cycle),处于不同经济发展阶段的国家(或地区),在所有权、内部化和区位方面拥有的优势是不一样的,由此决定了发展中国家(或地区)对外直接投资的能力、倾向和地位。2008 年广州市人均 GDP 超过 1 万美元(1.1696 万美元),进入"上中等收入经济体发展阶段";2014 年广州市人均 GDP 跨进 2 万美元大关,正式进入发达经济体行列。对照"投资发展周期理论"所描述的四个阶段,广州 2008 年至 2014 年是从新型工业化经济体向发达经济体迈进的阶段,在此期间国际直接投资的流入量和流出量都应该达到较大的规模。数据显示,2008—2012 年五年间,广州企业对外投资额从 2007 年的 767 万美元增长到 2012 年的 46990 万美元,总量增长 60 多倍,年均增长 127.74%,高于全国和全省的增幅。虽然广州对外投资增速较快,但规模仍然偏小,与广州整体经济实力不相称。2008 年至 2014 年,广州地区生产总值(GDP)全国占比基本稳定在 2.6%~2.8% 之间,但对外直接投资的全国占比大多保持在 0.5% 左右,远低于地区生产总值(GDP)的全国占比。

2. 广州对外投资企业竞争力较弱,国际化水平有待提高

国际领先企业凭借其所有权优势和内部化优势在对外直接投资和全球产业布局中占据主导地位。广州缺少具有国际影响力和行业领先地位的大企业是广州对外投资的短板,广州进入世界 500 强的企业仅 2 家,进入中国细分行业 10 强的企业 10 家,其中有 5 家均集中在房地产企业。在广州的对外投资企业中,无论从企业规模、资金实力、品牌知名度、行业影响力、管理能力、技术水平上都与国际跨国公司存在较大差距。此外,由于尚处于对外投资的初始阶段,广州对外投资企业的领导团队全球化程度还是相当低,具有国外教育背景、国际工作经验的高管缺乏,领导团队的国际化视野、全球化合作氛围、能力和文化相对全球化比较成熟的企业还有相当大的差距,国际化水平有待提高。

3. 对外直接投资企业呈现"单兵作战"状态,尚未形成集群效应

广州房地产、装备制造、精细化工、汽车制造、化工建材、服装皮具等行业在国内处于领先地位,在国内市场呈现出产业集聚发展的态势,但这种集聚发展

的态势并没有随着对外直接投资复制到海外，许多"走出去"企业呈现单兵作战、单打独斗的状态，没有形成集群效应。由此产生的影响包括：单个企业谈判能力不足，在争取东道国优惠政策、维护企业合法权益方面力量薄弱；缺乏合作与协调，会导致国际竞标活动中相互压价、恶性竞争；不能形成配套产业链，缺乏企业之间的分工与协同，影响企业竞争力；没有金融、咨询、公关等服务机构跟进提供本土化服务保障，难以推动企业国际化经营向中高端发展。

4. 对外直接投资以绿地投资为主，投资方式亟待优化

通过对外直接投资进入海外市场主要有两种方式：绿地投资和并购。绿地投资又称创建投资，早期跨国公司对外拓展海外业务基本都采用这种形式。绿地投资的优点在于投资企业对新建企业的操控很大程度上掌握着主动权；创建新企业直接为当地带来新增投资、税收和就业机会，更易于为东道国所接受；其弱点在于建设周期长，速度慢，不确定性较大。相比之下，跨国并购的目标企业在东道国一般都有比较成熟和丰富的资源，包括成熟的销售网络、既有的专利权、专有技术、商标权、商誉等无形资产，稳定的原材料供应保障体系，成熟的管理制度和既有的人力资源、成熟的客户关系网。这些资源的存在可以使并购方绕开初入他国市场的困难，迅速投入生产经营。从全球范围看，跨国并购投资额在对外直接投资总额中的比重已经占据绝大份额。从中国对外投资看，跨国并购成逐渐成为中国企业对外直接投资的重要方式。在广州企业国际化过程中，现阶段独资和合资仍然是广州企业对外直接投资的主要方式，运用并购方式进行海外直接投资的案例尚少。

四、21 世纪海上丝绸之路建设背景下，广州加快实施企业"走出去"战略的机遇与条件

（一）广州企业"走出去"面临重大机遇

1. 国家推进 21 世纪海上丝绸之路建设，为广州企业"走出去"提供了重大战略机遇

习近平总书记在访问印度尼西亚时提出推进 21 世纪海上丝绸之路建设的区域合作构想，是党中央、国务院根据全球形势深刻变化，统筹国内、国际两个大

局作出的重大战略决策。新的区域合作意味着更加开放的市场和投资环境、更加便利的贸易通道、更少的投资壁垒和更低的投资成本,这将为广州企业"走出去"提供前所未有的重大机遇。广州企业要紧紧抓住21世纪海上丝绸之路建设的重要战略机遇期,充分借助背靠珠三角和泛珠三角经济圈,面向南海,毗邻东盟的区位优势,以沿线国家为重点,紧跟国家21世纪海上丝绸之路建设的推进步伐,加快实施"走出去"战略,积极参与国际合作与竞争,带动国内产业结构升级。

2. 国际分工和产业布局面临重大调整,为广州加快全球产业链布局提供了有利时机

当前,世界经济仍然处于深度调整期,复苏缓慢,基础不稳、动力不足、速度不均的问题同时存在。国际产业分工面临重大调整,产业布局将发生巨大变革。发达经济体受债务危机影响,实体经济和金融部门出现紧缩,急需更多外资流入摆脱危机,稳定经济增长和就业。一些企业甚至跨国公司出现资产负债表恶化、流动性不足和经营困难等情况,希望通过外来投资注入流动性以渡过难关。在这种情况下,境外资源价格大幅下降、企业资产估值锐减、周边国家和地区货币贬值,不少国家在重点领域放宽了投资限制,对外资和并购的阻力有所缓解。这将有助于广州企业实现较低成本扩张,在全球范围内加快完善产业链布局,控制源头和占领技术制高点,加快广州产业升级和经济转型。

3. 新兴市场国家快速崛起,为广州企业参与境外基础设施建设、加快产能转移提供了合作空间

近年来,21世纪海上丝绸之路上的新兴市场国家顺应经济全球化深入发展和国际产业分工转移的趋势,经济发展迅速,逐渐成为世界经济增长的重要引擎。这些国家和地区的普遍特点是,劳动力成本低,资源丰富,市场潜力巨大,发展的内生动力不足,城镇化进程加快,电子、公路、桥梁、码头等基础设施相对落后,因此对技术、资本的需求迫切,与我国合作的愿望强烈。结合广州市的产业优势,通过加强投资合作,不仅可以提高广州企业的国际影响力,还能带动国内设备、劳务和技术输出。此外,新兴市场国家低廉的劳动力成本和较强市场需求也将为广州企业转移优势产能、开拓国际市场带来难得的发展机遇。

(二)广州参加 21 世纪海上丝绸之路建设,加快企业"走出去"的基础条件

1. 广州作为海上丝绸之路的重要始发港,与沿岸国家积累了深厚的商贸、文化、人缘关系

海上丝绸之路,作为古代沟通东西方的远洋航线,兴起于秦汉、盛极于唐宋。从公元 3 世纪 30 年代起,广州凭借天然的地理优势,一直充当着海上丝绸之路的主港角色。至唐宋时期,已经赫然成为中国第一大港。由广州经南海、印度洋到达波斯湾各国的航线,是当时世界上最长的远洋航线。明清实行海禁,广州更是长期处于"一口通商"局面。广州作为海上丝路的重要始发港,与丝路沿岸国家保持着持续长久的经贸人员往来,积累了深厚的商贸、文化、人缘关系。

2. 广州经济持续快速发展,为"走出去"奠定了坚实的基础

改革开放 30 多年来,广州经济快速稳定增长,经济实力显著增强,经济增长与质量、结构和效益稳步提高。从经济规模看,2013 年广州全市 GDP 达到 15420.14 亿元,人均 GDP 120104.84 元(19393.02 美元),经济总量连续 24 年名列全国城市第三位,预计 2015 年广州 GDP 将超过香港,重归"华南经济龙头"地位。从产业体系看,广州基本形成了基础雄厚、门类齐全、承载能力较强的现代产业体系,产业优势比较明显,具备了参与国际竞争的实力和能力,为企业开展国际合作,进行境外投资和开展跨国经营打下了坚实基础。

3. 多年以来的探索创新,为"走出去"积累了丰富的经验

经过多年的探索和实践,广州形成了从经济到科技、文化、教育等领域的全方位、多层次、互动发展的开放型经济发展格局。广州企业加快融入国际化进程,积极参与国际分工合作。通过不断扩大利用外资和对外贸易实践,引进了国际先进的装备和技术,培养了一批熟悉国际经济贸易规则、具有较强管理能力和专业技能的人才。在"走出去"方面,越来越多的企业开始通过新建、并购、参股、合作等形式在全球整合产业链,加快学习掌握境外先进技术,提升国际化水平。"走出去"先行一步的企业,在境外投资实践中,积累了丰富的经验和教训。这些经验和教训将为后来企业提供有益的借鉴,成为广州在更宽领域、更高层次参与国际分工合作的宝贵财富。

五、加快实施企业"走出去"战略的途径

21世纪海上丝绸之路沿线国家和地区在经济发展水平上存在鲜明的层次性，既有新加坡、香港等经济高度发达的国家或地区，也有马来西亚、泰国、南非以及中东石油富国等中等发达国家，更多的是越南、老挝、缅甸、印度、斯里兰卡等一些相对落后的发展中国家和广大的非洲欠发达国家。这些国家在经济水平上的多层次性，在资源禀赋、经济结构、发展需求方面体的差异性给广州企业"走出去"参与区域经济合作，提供了广阔空间。

（一）以东盟为企业"走出去"战略重点，参与打造中国与东盟自贸区升级版

中国到东南亚段是21世纪海上丝绸之路的第一段，中国与东盟各国海上相通、陆地相连，经贸合作和文化交流源远流长，2010年已建立自由贸易区，未来将打造"中国—东盟自由贸易区升级版"，开启中国—东盟经贸合作"钻石十年"。中国与东盟共建海上丝绸之路，实质是基于地缘关系构建新型的经贸合作关系，对于中国与东盟经贸合作关系影响最大，也是共建21世纪海上丝绸之路的战略重点。

1. 跟随"中国—东盟自贸区（CAFTA）升级版"战略走出去

跟随国家FTA战略"走出去"是最好的途径之一。党的十八大提出要加快实施自由贸易区（FTA）战略，广州企业要抓住这个机遇，跟随国家双边或区域FTA走出国门。东盟—中国自贸区（10 + 1 FAT）属于中国政府FTA战略四个圈层中的第二圈层，即依托周边国家，推动中国—东盟经济一体化，携手共建"命运共同体"。CAFTA升级版发展的核心将是服务贸易领域及其相关的投资便利化和非关税壁垒问题，加大彼此开放市场的深度和广度，共同建立自由便利投资新体制。广州市政府相关部门应该积极跟进，编写东盟投资指南，组织企业到东盟进行市场考察，召开东盟投资说明会，帮助企业对接东盟，使大批企业以兵团方式跟着国家CAFAT"走出去"，创造参与国际合作与竞争的新优势。

2. 以境外经贸合作区（园）为载体，产业集群式"走出去"

境外经贸合作区，是指在境外有条件的国家或地区建设或参与建设的基础设

施较为完善、产业链较为完整、带动和辐射能力较强、影响力较大的工业、农业或服务业园区,以吸引本国(或其他国家)企业投资兴业。自2006年来,经国务院批准,中国商务部会同有关部门,鼓励企业进行合作区建设,探索"走出去"新模式,推动"走出去"纵深发展。目前,我国企业在东南亚地区建设了5个国家级境外经贸合作区[1]。境外经贸合作区实际上是将国内经济开发区的成功模式在境外的复制,境外经贸合作区已成为中国实施企业集群式"走出去"的新战略举措。广州企业可以根据自身的动机意愿,现有境外经贸合作区的产业配套,进驻现有的这五个平台,降低海外投资经营成本和风险。(见表5-4)

此外,广州应依托设经营经济技术开发区的一流经验[2],谋划在东盟范围内建设境外经贸合作园区,有序转移广州具有比较优势的产能,为广州企业集群式"走出去"提供可靠的海外发展基地。

表5-4 中国企业在东盟国家建设的国家级境外经贸合作区

境外经济贸易合作区	东道国	园区主导产业
泰国泰中罗勇工业园	泰国	汽摩配、五金、机械、电子等
柬埔寨西哈努克港经济特区	柬埔寨	纺织服装、五金机械、轻工家电等
越南龙江工业园	越南	电子、机械、轻工、建材、生物制药业、农林产品加工、橡胶、纸业、新材料、人造纤维等
越南中国(深圳—海防)经贸合作区	越南	纺织轻工、机械电子、医药生物等
中国—印度尼西亚经贸合作区	印度尼西亚	家用电器、精细化工、生物制药、农产品精深加工、机械制造及新材料相关产业

资料来源:根据中华人民共和国商务部相关资料整理。

---

[1] 分别是:泰国泰中罗勇工业园、柬埔寨西哈努克港经济特区、越南龙江工业园、越南中国(深圳—海防)经贸合作区、中国—印度尼西亚经贸合作区。

[2] 广州拥有3个国家级经济技术开发区(广州经济技术开发区、南沙经济技术开发区、增城经济技术开发区),其中广州经济技术开发区各项指标名列前茅,在历年国家经济技术开发区排名中长期保持在前三位,在2014年上半年国家级经济技术开发区GDP排名全国第一。

3. 强化传统途径，为三大传统途径注入新的内涵

广州企业"走出去"有三大传统途径[①]：

（1）对外直接投资。通过股权并购实现全球强强联合，是新时期国际投资的主流趋势。该途径主要适用于新加坡、泰国等经济发展阶段超过或与广州相当的国家（或地区），通过跨国并购，直接获得合作方的品牌、技术、管理方法或资源等。

（2）对外劳务输出。对外劳务输出要加入新内容，即必须进入服务贸易领域。依托广州较高的技术水平和较发达的第三产业，重点开展技术服务，国际咨询服务，国际旅游服务，金融服务，海洋、航空运输服务等行业。

（3）对外承包工程。新时期对外承包工程要以咨询服务为先导，要与对外投资相结合。普华永道最新报告显示，东盟国家未来十年的基础设施投资巨大。印度尼西亚居首位，投资额可达1650亿美元；第二是泰国585亿美元；第三是越南560亿美元；马来西亚位居第四，约480亿美元。广州应有专门机构跟踪、把握东盟国家基础设施建设需求，以基础设施改造升级、采用新技术、新材料建设高效节能型基础设施为重点，带动广州优势产能产业、战略性新兴产业"走出去"，积极探索工程承包与投资相结合的模式，在东盟范围内跟踪推动大项目。

（二）增进广州与南亚及波斯湾航线各国经贸合作关系

从区位上看，南亚及波斯湾航线各国是中国建设陆地丝绸之路、打通西亚出海通道的重要"桥头堡"。陆地、海上丝绸之路的对接是保障中国石油安全的重大战略。因此，该航段是加强21世纪海上丝绸之路建设不可或缺的组成部分。作为代表国家参与21世纪海上丝绸之路建设的核心城市，广州应在企业"走出去"战略上积极跟进，助推21世纪海上丝绸之路建设落地、做实。

1. 鼓励广州企业参与境外合作区建设，为更多的企业"走出去"搭建平台

中国与南亚及波斯湾航线各国经贸合作已经奠定比较厚实的基础：中国与巴基斯坦建立了自由贸易区，与印度合作完成了建立自由贸易区的可行性研究，通过项目合作与科威特、沙特阿拉伯、伊朗、阿联酋等国家建立了良好合作关系。但作为新形势下我国发展对外投资合作的新战略——建设境外经贸合作区，布局

[①] 李罗莎：《新时期中国企业加快"走出去"的途径与对策建议》，《全球化》，2013年第5期。

在南亚及波斯湾航线各国的仅巴基斯坦海尔—鲁巴经济区一家。目前，我国企业共计在13个国家建设了16个国家级境外经贸合作区。其中，在亚洲6个国家建了7个合作区。为进一步深化与南亚及波斯湾航线各国的经济合作关系，国家已有意向在一些国家建设名称各异，重点不同的开发区，广州应充分利用自身经营经济技术开发区的成功经验，配合21世纪海上丝绸之路建设和境外经贸合作区战略，积极谋划在南亚及波斯湾航线国家建设境经贸合作区，完善我国境外经贸合作区在全球的布局，推动包括广州企业在内的中国企业在南亚及波斯湾地区的可持续发展。

2. 以21世纪海上丝绸之路沿途南亚四国为重点，深化广州同南亚的合作

截至2012年年底，中国对南亚国家非金融类直接投资存量近40亿美元，中国已成为南亚国家主要的贸易伙伴和外资来源国，南亚国家则成为中国重要的海外工程承包市场和投资目的地。自2000年以来，南亚区域经济经历了近十年的持续快速增长，其年均增幅达6%以上。面对全球性经济低迷，南亚国家也显示出了强劲的经济活力。包括"金砖国家"印度在内的南亚经济的崛起，为中国（广州）—南亚区域合作注入了强劲动力。

南亚在市场、资源、技术以及引资政策方面对于有意"走出去"的广州企业均具有吸引力。

印度是一个极具潜力的投资目的地国家，不仅拥有巨大的国内市场、丰富成熟的人力资源以及相对透明的公共空间，还有诸多包括出口激励、零关税等在内的激励措施。

孟加拉国是工资成本最低的国家之一，拥有大量的低成本的劳动力，近年来推出了更加优惠的投资政策，且有意愿接受与中国经济联系在一起。

斯里兰卡自2009年5月结束近30年的内战以来，一直在大力发展基础设施，吸引外国投资到其590亿美元的经济体中。

巴基斯坦吸引外国直接投资最多的地区是美国和欧盟，中国在巴基斯坦投资额较少，为改变这种状况，巴基斯坦投资委员会希望能与中国发挥互补优势，共促互利发展。

广州企业应面向南亚，积极投资于南亚国家的纺织业、家电业、IT业、制药业、基础设施建设及建筑业、水能开发、旅游开发、餐饮娱乐、文化创意、珠宝等产业。因应南亚区域近几年正在大搞基础设施建设，包括公路、铁路、港口、通信网络、给排水、各类电站设计开发、地产开发等部门都在向外商开放的情形，积极开展与南亚国家在工程承包、劳务、旅游、科技等方面的合作。与此同时，在南亚有关国家，如印度、孟加拉国和斯里兰卡以及巴基斯坦建立广州投资工业园区，推动广州优势产业和过剩产业向南亚市场梯度转移。此外，对于习近平主席2014年9月刚刚访问的印度洋岛国马尔代夫，广州企业也应给予更多的关注。中国是马尔代夫旅游业的第一市场国，但马尔代夫目前还没有专门针对中国市场的度假村。马尔代夫拥有"无外汇限制，外资可掌握100%的所有权"的优良引资政策，广州实力雄厚的房地产企业、旅游企业完全可以到该国投资修建旅游度假村等项目，或和当地企业合作开发房地产项目。

3. 加强对波斯湾国家商贸市场、石油化工和基础设施投资，结合广州产业优势，实现共同发展

波斯湾国家地处欧、亚、非三大洲的结合部，西北面临地中海，通过苏伊士运河与红海、阿拉伯海联通，经印度洋向东可通向亚洲，向西可抵达欧洲，历来是东西方的交通要道，具有十分重要的战略及商业地位。中东地区拥有丰富的石油和天然气资源，仅海湾国家的石油储量就占世界的26%，是世界上最大的石油市场。此外，世界银行预计，中东国家至2020年为止，需每年向基础建设行业投资1060亿美元[①]。其中一些国家希望引进更多的社会投资参与其中，从而推动国家经济更为全面的发展。

投资运营国际商贸平台，构建中国企业、商品进入中东、非洲、欧洲的通道。整个中东地区在发展中国家经济属中等水平，近年来该地区经济增长迅速，海湾合作委员会六国的经济状况尤其好，是世界上人均收入最高的地区之一。由于受自然条件、历史条件和经济发展水平的限制，中东国家对进口商品有着极大的需求。据最新资料统计，海湾国家每年进出口总额达2100亿美元，其中进口额约占50%。中东人口是世界上人口增长最快的地区。高出生率及石油财富引致的移民是当地经济高速发展的动力，2010年中东地区人口已达到3.71亿，且呈现继续高速增长的势头。这将形成一个仅次于欧共体、美国、日本和中国的世界大市场。广州作为千年商都、国际商贸中心，应该充分发挥广州企业在商贸领域的显著优势，以迪拜、多哈、利雅得为中心，布局国际商品贸易平台，带动国

---

① 世界银行报告。

内贸易、仓储、分销、物流企业"走出去",开拓中东市场,并利用其地理优势,辐射非洲以及欧洲市场。

以高附加值精细化工为重点,积极参与波斯湾地区石化工业发展。波斯湾地区 2012 年占世界石化产品产能的 11%,到 2015 年这一比例预计将增至约 16%,而 2020 年将达到 20%。因为中东地区有较大的竞争优势,包括有可靠的原料供应,以及拥有服务于亚洲和欧洲市场的地理位置和港口设施,这一地区吸引全球化学工业的投资。与此同时,波斯湾国家如沙特现正在鼓励化学行业中的国际投资,以增强作为全球化学品生产领先国的地位,并促使产品向多样化发展,生产高附加价值特种化学品、新配方产品和功能聚合物。分析人士预测,沙特阿拉伯化学工业的直接投资到 2015 年将会大大超过 1000 亿美元。石油化工产业是广州三大支柱产业之一,广州企业在精细化工行业具有优势。应积极鼓励广州化工企业参与波斯湾国家石化产业的发展,输出资本、技术、设备、劳动力等,积极开拓中东石化下游产品的生产和市场,特别是高附加值的精化产品产业,例如塑料加工、纺织、建材等制造业。做到你中有我、我中有你、共同发展。

积极培育广州本土的工程总承包企业,以波斯湾国家为据点开拓中东基础建设行业市场。世界银行报告显示,中东国家已在基础建设行业投资超过了 1 万亿美元,截至 2020 年,中东国家预计需每年在该行业投资 1060 亿美元。中东国家的基础建设行业资金来源大多出自各国政府,而基建工程由于其工程庞大、耗资巨大,一些中东各国政府开始考虑吸引更多社会投资来参与到基建行业之中,从而推动国家经济最为全面的发展。广州应积极培育本土工程总承包企业,以基础设施改造升级、采用新技术、新材料建设高效节能型基础设施为重点,发挥中国企业在公路、桥梁、隧道、电站、铁路、通信等领域的技术和经验优势,积极探索工程承包与投资相结合的模式,进军中东基础建设行业市场,带动国内规划设计、机械装备、建材、通信、运营服务等行业企业"走出去"。

(三)进一步扩大、提升与红海湾及印度洋西岸航线沿岸国家的经贸关系

红海湾及印度洋西岸航线不仅是中国拓展非洲各国经贸关系的重要航线,而且是通向西亚,到达欧洲的重要海上通道。该航段也是中国的能源安全线,从波斯湾、红海湾各个产油国到中国的石油运输给 21 世纪海上丝绸之路赋予了新内

涵。中国与红海湾及印度洋西岸航线各国的经贸合作较少，要将21世纪海上丝绸之路由国家战略层面落实到合作双赢、共同发展，企业作为市场主体需要扮演重要角色。

1. 先建国际商贸中心，再建境外合作工业园，向非洲转移低端制造业

广州作为中国海上丝绸之路发祥地，与海上丝绸之路的终点之一的非洲具有悠久的传统合作关系。广州是中国对外贸易的重要窗口，目前有大量的非洲商人长期驻扎广州，采购商品贩卖回非洲。广州拥有700多个专业市场，商品来自全国各地且物美价廉，非常适合非洲国家对商品价格和质量的要求。一方面非洲商人越洋跨海来广州采购，另一方面广州可以主动出击，以红海湾及印度洋西岸航线沿岸国家为重点，布局境外中国商品贸易中心，进一步扩大中国对非洲适销商品的销售。与此同时，建立境外合作工业园，以企业集群"走出去"的方式，将适合非洲市场的服装、鞋帽、空调、家具、电子、钟表、饰品等劳动密集型加工业向非洲转移，一方面带动当地民众就业，开辟非洲国家工业化进程；另一方面，转移出"微笑曲线"中间处于价值链低端的制造环节，重点发展价值链两端高附加值的研发、设计与销售、服务环节，使这部分经济类别在广州得以持续发展，并以此为基础，推动广州制造业的转型升级。

2. 实施以"工程换资源"战略，实现合作双赢、共同发展

近年来，非洲已经基本摆脱了过去政治动荡、经济停滞的局面，强劲的发展势头吸引世界投资者关注这片大陆。据安永日前发布的一份名为"2014年非洲吸引力"的调查报告显示，2014年非洲吸引力在全球排名第二。其中肯尼亚、南非、尼日利亚等地区中心市场国家，以及坦桑尼亚、莫桑比克等红海湾及印度洋西岸航线国家在外国直接投资项目排行榜上名列前茅。今后5~10年，非洲经济将继续领跑全球，要长期保持快速的增长率，非洲需要更多投资电力、公路、港口等基础设施，据权威机构估计，未来非洲基础设施投资每年就需要大概380亿美元。非洲拥有丰富的自然资源，限于资金、技术的短缺尚未得到开发利用。广州企业对外承包工程应抓住在非洲大有作为的发展机遇，积极探索工程承包与投资相结合的模式，加强与国内金融机构合作，加强基础设施项目属地化管理，强化工程换资源的战略思路，各取所需，合作共赢。

六、广州加快实施企业"走出去"战略的政策建议

在建设 21 世纪海上丝绸之路背景下,企业"走出去"战略的实施主体是依然是企业,但政府在其中扮演着重要的角色。政府的支持和推动,可以降低广州企业境外投资的风险,加快"走出去"的步伐。

(一)完善法律法规,简化行政审批

1. 发挥地方立法权的作用,完善企业"走出去"的法律政策体系

广州是拥有地方立法权的城市。根据《中华人民共和国立法法》的规定,除立法法第八条规定事项项外(包括税种的设立、税率的确定和税收征收管理等税收基本制度;基本经济制度以及财政、海关、金融和外贸的基本制度等),其他事项国家尚未制定法律或者行政法规的,省、自治区、直辖市和较大的市根据本地方的具体情况和实际需要,可以先制定地方性法规。目前国家层面尚未制定海外投资法、对外投资保险法等单项法规,广州可以先行先试,探索制定企业对外投资、跨国经营的地方性法规,以法律性文件取代政府性文件,奠定企业"走出去"战略的法律基础,更好地确立政府、企业在"走出去"战略中的职能定位,做到不越位,不缺位。

2. 简化境外投资审批程序,大手笔推进投资便利化

随着经济转型和产业升级,近年来广州企业"走出去"的热情增强,但现行的境外投资行政审批程序繁琐,牵制了企业"走出去"的步伐。虽然国家发展和改革委员会与商务部逐步下放了审批权限,但重复审批的问题存在,且相关的审批范围、办法没有根据境外投资的形势变化做出及时的调整,企业在申报过程中,不得不层层解释,多头汇报,导致效率低下,贻误商机。被赋予先行先试权的广州,可以在简化境外投资审批程序方面尝试突破,除特殊领域和项目以外,对外投资以备案制代替审批制,备案为主,核准为辅。

(二)加大支持力度,健全支持体系

1. 强化境外投资的金融支持

境外投资是一种风险较高的经济活动,广州企业尚处于"走出去"初期,资金实力以及抗风险能力较弱,因此对"走出去"企业提供金融支持十分必要。

应积极争取国家外汇储备中心和对外合作基金对广州走出去企业的资金支持；加强政府部门、融资企业和金融机构的沟通与协调，联合商业银行、海外投资企业共同出资组建海外投资发展基金，支持金融机构创新金融产品，对海外投资项目进行项目增信和资金支持。

2. 加强财税政策支持力度

根据广州企业对外投资的增长趋势，相应增加本级财政支持企业"走出去"的专项资金。积极帮助企业争取国家有关鼓励企业"走出去"的相关资金支持。加强"走出去"企业的税收政策宣传与辅导，认真落实有关双边、多边税收协定和境外所得税抵免政策。积极争取中央关于鼓励企业"走出去"相关税收优惠政策在广州先行先试。

3. 建立境外投资咨询服务体系

建立跨部门协作机制，有效整合政府、行业、企业资源，由政府出面建立或民办官助NGO方式组建服务企业的境外投资咨询服务中心。紧紧围绕企业"走出去"与"一带一路"的战略实施，通过整合政府部门、高校、研究机构、行业商会、专业中介服务机构（如法律、会计、金融、知识产权认证等）等各方面资源，向"走出去"企业提供面向全球市场的全过程投资咨询服务。

（三）培育与外聘相结合，实施国际化人才战略

1. 培育引进国际化高端人才

广州企业走出去，最缺的是具有全球视野和懂得国际运营规则的高端管理人才。一方面，要做好现有企业高级管理人才的国际化培训工作，支持各大高校管理学院、商学院与企业对接，开设专门课程，对企业高级管理人员进行培训。另一方面，鼓励企业面向全球引进高级管理人才，在引进人才的生活、待遇等方面给予相应的便利与支持。

2. 全球配置人力资源

鼓励广州境外投资企业在当地聘用外籍管理人才以及企业员工，一方面当地管理人才熟悉当地市场、商务规则、文化等，有利于企业尽快融入当地的市场，打开局面；另一方面，为当地提供就业岗位，实现本土化运作，有利于企业的长远发展。对于高端、专业市场，鼓励企业外聘国际化、专业性的人才，或者项目管理团队，从商务、法律、文化、技术等全方面与国际接轨。

第六章 深化广州与东盟各国科技合作的思路与对策

一、深化广州与东盟各国科技合作的意义

（一）有助于推进广州国际大都市建设

根据《珠三角地区改革发展规划纲要（2008—2020年）》，到2020年，广州要建成面向世界、服务全国的现代化国际大都市。加强与东盟各国的科技合作，建立更紧密的合作关系，促进创新要素在广州与东盟间的加速流动，将提升广州全球资源配置能力，进而助推广州建成辐射东南亚的国际大都市。

（二）有助于打造"广州经济升级版"

目前，中国—东盟自贸区升级版谈判已取得阶段性成果，科技合作已开始从农业技术为主向高新技术转移，涉及电子信息、生物医药、太阳能、手游、北斗卫星、高铁等高技术领域。广州展开与东盟各国全方位的科技合作，进行多领域技术对接和项目研发合作，并以此带动产业转移与产品输出，将有利地推进广州产业转型升级，打造"广州经济升级版"。

（三）有助于争取更多的国家资源落户广州

科技合作有助于消除政治疑虑，建立融洽的合作关系。建设21世纪海上丝绸之路是新一轮国家全面对外开放的重要举措。中国与东盟国家科技合作正在不断深化，广州应以此为契机，更大地发挥广州国家中心城市作用，主动对接国家战略，并争取更多的国家科技资源落户广州，促进广州创新发展。

二、东盟科技发展现状

（一）东盟各国发展现状

根据世界经济论坛发布的《全球竞争力报告（2014—2015）》，东盟国家中，新加坡的技术成熟度排在 144 个国家或经济体的第 7 位，马来西亚排在第 60 位，泰国第 65 位，菲律宾第 69 位，印度尼西亚第 77 位。越南、柬埔寨、老挝分别排在第 99 位、第 102 位和第 115 位，而缅甸则排在第 144 位，居于最后[①]。总的来看，东盟十国中科技发展可以分为三个层次，即：第一层次为新加坡，第二层次为马来西亚、泰国、菲律宾和印度尼西亚，第三层次为越南、柬埔寨、老挝、缅甸、文莱。

2012 年新加坡高技术产品出口占工业产品出口比重为 45%，研发强度达到了 2.1%。重点发展的高科技产业有微电子制造、信息与通信和生命科学产业，已经具有或接近国际水平。其特点是面向产业、高强度集中投资，从基础设施建设入手、采用与国际接轨的管理机制、通过引进人才和国际合作实现跨越发展。

马来西亚注重科技的自力更生，在研发活动与工业之间建立双向流动机制，2011 年研发强度为 1.07%。政府全力支持农业、卫生等领域的研发，鼓励使用计算机，鼓励发展高技术产业及其他先进技术。在航空航天、信息技术、生物技术等领域有着较强的实力。2012 年高技术产品出口占工业产品出口比重为 44%。

泰国科研重点主要是农业和食品、生物与医药卫生、能源与环境、社区和农村实用技术等，2009 年研发强度为 0.25%。在水稻、木薯、橡胶品种、热带水果的品种改良和品质提升方面以及抗疟疾药物、登革热原型疫苗等方面取得显著成绩。2012 年高技术产品出口占工业产品出口比重为 21%。

菲律宾科研重点是农业，20 世纪 70 年代以来，农业科研经费一直占其 GDP 的 0.47% 左右，高于亚太地区其他国家平均 0.2～0.4 个百分点。[②] 目前，已在

---

① World Economic Forum. The Global Competitiveness Report （2014 – 2015），http：//reports. weforum. org/global-competitiveness-report-2014 – 2015/.

② 王世录：《东盟科技发展与对外科技合作》，云南大学出版社 2006 年版，第 310 页。

全国建立了完整的农业科技研究、开发和推广应用体系，形成了以国际水稻研究所为代表的一批有实力的农业科研究机构。

印度尼西亚2009年研发强度仅为0.08%。主要通过优先发展国产汽车和国产飞机工业提高工业科技水平。通过国际资助、技术转让、信息交换，以及技术培训、市场开发等措施重点开发利用地热资源和核能。

越南、柬埔寨、老挝、缅甸、文莱等东盟其他成员国基本上都没有开展基础科学研究和高新技术研发的能力。

可见，东盟各国的科技水平参差不齐，而这种发展水平的多样性为广州与其开展多层次的合作提供了较大空间。

（二）东盟主要城市发展现状

位于澳大利亚的咨询公司2Thinknow[①]发布的《全球创新城市指数》是目前为止覆盖面最广的城市创新能力考察报告。根据该报告，新加坡位于第一梯队，属于创新核心城市，亚太地区排名第6，全球排在第27位；吉隆坡、曼谷位于第二梯队，属于创新枢纽城市；胡志明市、八打灵、河内、雅加达、马尼拉位于第四梯队，全球排名在第307～353之间，属于有影响型城市；金边、万隆位于第五梯队；仰光亚太地区排名第87位，全球排在第437位（见下表）。可见，东盟国家的城市发展水平不一，其中，新加坡、吉隆坡、曼谷三城市排在广州之前，这说明广州可以与这些城市进行多层次、宽领域地合作。

表 东盟国家及其相关城市全球创新城市指数（2014）排名

亚太地区排名	全球排名	类型	城市	省（市）	国家
1	12	1 创新核心	首尔		韩国
2	15	1 创新核心	东京	东京都	日本
3	17	1 创新核心	悉尼	新南威尔士	澳大利亚

---

① 澳洲智库"2Thinknow"咨询公司成立于2006年，位于澳大利亚墨尔本，专注于全球城市创新发展的评估，2007年开始每年持续发布《全球创新城市指数》，收集了全球1500多个城市指标数据，全面掌握其中450个城市的指标数据，是目前为止覆盖面最广的城市创新能力考察报告。该公司建立包括文化资产、人力基础及网络化市场3个一级指标和162个二级指标的创新型城市评价指标体系。

续上表

亚太地区排名	全球排名	类型	城市	省（市）	国家
6	27	1 创新核心	新加坡		新加坡
8	35	1 创新核心	上海	上海	中国
10	50	2 创新枢纽	北京	北京	中国
13	74	2 创新枢纽	深圳	广东	中国
18	98	2 创新枢纽	吉隆坡		马来西亚
23	129	2 创新枢纽	曼谷		泰国
33	190	3 创新节点	广州	广东	中国
56	307	4 有影响型	胡志明市		越南
61	328	4 有影响型	八打灵	雪兰莪	马来西亚
62	337	4 有影响型	河内	河内	越南
67	348	4 有影响型	雅加达		印度尼西亚
69	353	4 有影响型	马尼拉		菲律宾
83	423	5 上升型	金边	金边	柬埔寨
85	425	5 上升型	万隆	西爪哇	印度尼西亚
87	437		仰光	仰光	缅甸

资料来源：根据《全球创新城市指数2014》整理而得。

三、深化广州与东盟科技合作的基础

（一）中国—东盟科技合作机制已经形成

目前，东盟10个国家中已经有8个国家与中国签订了政府间科技合作协定，并与新加坡、印度尼西亚、泰国、马来西亚、菲律宾、越南建立了双边科技合作联委会机制。在此机制下，中国科技部与东盟各国科技主管部门一起，实施了一系列长期合作的研究项目和短期交流考察项目，涉及农业、海洋、能源、环境、医疗卫生、减灾防灾等众多领域。2014年以来，中国与东盟国家新签约重点科技项目已有16项，包括共建中泰技术转移中心、中老技术转移中心、东南亚移动支付快速通道、北斗及地球空间产业示范基地、卫星导航合作、中泰科普合作、农作物科研合作基地建设等，这些为广州与东盟各国开展科技合作奠定较好的基础。

（二）中国—东盟科技伙伴计划进展顺利

2012年9月中国—东盟科技伙伴计划启动，该计划鼓励中国和东盟国家共建联合实验室、科技园和示范基地及技术转移中心，鼓励东盟国家杰出青年科学家来华工作。截至2014年9月，已经启动中柬食品工业联合实验室、中泰高铁联合研究中心、中缅雷达与卫星通信联合实验室、中老新能源与可再生能源联合实验室等重点实验室建设；此外，中国—东盟技术转移中心协作网络成员数已逾千家，挖掘对接项目和需求超过1400项[①]；在遥感卫星数据共享与服务平台方面，中国目前已与东盟各国就合作达成一致，将为东盟国家开展农业估产、环境监测、灾害防治等工作提供服务。

（三）广州与东盟科技合作基础扎实

从历史上看，自古以来广州就是中国对外关系的"桥头堡"。两千多年来，广州一直就是我国没有停止对外开放的唯一城市，是中国、亚洲乃至世界的著名商城。中华人民共和国成立之后，东盟国家与中国大量的进出口业务都是通过中国进出口商品交易会（广交会）等贸易平台完成的。广州与东盟地缘相近、人缘相亲、文化相通，广州与东盟地区的合作历史源远流长。

从经贸交往来看，2013年东盟超越日本和中国香港特区，成为仅次于美国、欧盟的广州第三大贸易伙伴，全年广州与东盟的货物进出口总额达141.77亿美元，接近广西壮族自治区全区的水平，同比增长7.3%，其中广州对东盟出口68.6亿美元，同比增长30.94%，远高于对美国（0.85%）、欧盟（-0.37%）、中国香港（3.75%）和日本（-0.06%）[②]。

从科技基础来看，广州地区聚集了广东省三分之二的普通高校、97%的国家

[①] 新华网：《科技部副部长：中国—东盟科技伙伴计划取得多项进展》，http://news.xinhuanet.com/world/2014-09/17/c_1112509341.htm.

[②] 数据来源于广州市对外贸易经济合作局《广州市对外贸易经济合作局白皮书（2014）》。

重点学科和全部国家重点实验室。全市拥有国家级工程技术研究开发中心15家、国家工程实验室9家、国家重点实验室14家、省市级工程技术研究开发中心231家、省市级重点实验室195家①。毫无疑问，广州是华南地区科技研发资源最集中的城市，为进一步开展与东盟的研发合作及技术输出奠定好的基础。

综上所述，无论是从国家科技合作的大环境来看，还是从广州与东盟合作历史、合作基础来看，广州与东盟开展深度科技合作的条件已经成熟。

四、广州与东盟各国科技合作现状

（一）与东盟技术贸易发展迅速

2013年，广州从东盟国家引进技术合同金额为356.3万美元，其中，从新加坡引进技术332.57万美元，同比增长25.43%。2014年1~8月，广州从全球技术引进合同金额达10亿美元，同比下降15.69%，其中从东盟国家技术引进合同金额为148万美元，同比增长68.18%②。这说明广州在从全球引进技术总额下降的情况下，从东盟引进技术的费用反而在增加，而新加坡成为广州从东盟引进技术的重要国家。

（二）对东盟的软件出口快速增长

在软件出口方面，2013年广州出口东盟合同金额达2748.48万美元，占总合同金额的3.18%。2014年1~8月广州出口东盟的软件合同金额5876.94万美元③，比上年同期大幅增长722%，占全市的比重达7.6%，其中出口印度尼西亚、越南、文莱、缅甸、泰国、新加坡涨幅均超过70%。

（三）在农业技术领域合作卓有成效

广东省农业科学院先后与东盟国家如泰国、越南、菲律宾、马来西亚、柬埔寨、老挝、印度尼西亚、缅甸等在果树、水稻、蔬菜、作物、植物保护、蚕桑等

---

① 数据来源于广州市科技和信息化局《2013广州科技和信息化发展报告》。
②③ 数据来源于广州市对外贸易经济合作局。

领域建立了长期稳定的合作关系。在国家和广东省的支持下，建立了广东—菲律宾农业科技合作平台和中国—东盟外来入侵生物防控平台；在马来西亚建立了蔬菜育种和示范基地；在柬埔寨推广了"农艺＋农机＋植保技术"的旱穴直播种植技术；在泰国、越南开展了蚕业从业人员技术培训，推广种桑养蚕技术，还开展蔬菜、水稻栽培技术人员的培训，推广水稻和蔬菜生产技术。此外，中国东盟农业科技协作网在科技部的指导下成立，并将秘书处设在广东省农业科学院。通过建基地、培训人才、构建合作机制等方式，广东省农业科学院探索建立起了一种与东盟科技合作的良好模式。

（四）在科技援助方面进行了有益的尝试

2005年广州中医药大学科技园有限公司对柬埔寨实施科技援助，开展疟疾研究项目，取得很好的效果，并赢得了柬埔寨政府的肯定。2012年4月，中国与柬埔寨在广州签订了《中国国家中医药管理局和柬埔寨王国卫生部关于传统医学领域的合作谅解备忘录》。与此同时，广州中医药大学和柬埔寨卫生部药品监督管理局在传统医学领域签署合作协议，成为柬埔寨在中国境内唯一一家的第三方质量检测研究机构，并为广东新南方青蒿科技有限公司、广东新南方青蒿药业有限公司、汕头金石制药总厂、北京同仁堂4家中方企业开展检测认证服务，为这些企业成功进入柬埔寨市场提供了便利。

（五）中新知识城成为科技合作重要基地

中新知识城是中国与新加坡继苏州工业园和天津生态城之后，在园区开发上面的又一次合作，是广州与新加坡战略合作的标志性项目。中新知识城借鉴新加坡科技园的规划建设经验，按照"产业园区化、园区城市化"的理念，规划了知识产权综合聚集区、腾飞科技园、高端智能装备和智慧科技园等10个产业发展专业功能园区。在产业招商方面，中新知识城充分利用新加坡专业招商经验和国际招商网络资源优势，与新加坡腾飞集团共建"中欧产业发展中心"。中新双方将深化在知识产权、产业发展规划、社区管理、教育培训等方面开展深度合作。

（六）科技交流及人员培训有序开展

2012—2014 年，广东省农业科学院共有 31 批 97 人次赴泰国、越南、菲律宾、老挝、印度尼西亚、柬埔寨、马来西亚等东盟国家进行农业科技合作交流、参加各类国际会议以及执行国际项目。广州与新加坡合作开展人才培训，双方签订了《三年人才培训实施合作项目之战略合作协议》，组织 10 批次 126 人次"走出去"赴新加坡专题调研培训，集中培训干部 3 批次 63 人；共举办了 11 场"请进来"合作主体论坛，培训政府和企业人员 2780 人次。同时，广州还深化与新加坡在国际化教育合作，引进了新加坡南洋理工大学设立知识城办事处，并促进了中山大学、华南理工大学等与国际著名大学和教育机构的合作项目。

五、深化广州与东盟科技合作的思路及对策

广州要利用国家积极建设 21 世纪海上丝绸之路有利契机，主动纳入中国—东盟科技伙伴计划体系，积极参与国家联合实验室、中国—东盟技术转移中心等重点项目，以广州—东盟国际友好城市或国际友好合作交流城市为基础，深化广州与新加坡、吉隆坡、曼谷等国际城市的科技合作；依托广州国际合作交流中心、国际科技合作基地等各类国际科技合作平台，在农业、食品、生命科学与健康、减灾防灾、水资源、环境与能源、装备制造、材料、信息技术以及空间技术与应用等重点技术领域开展合作；依托中新（广州）知识城、广州民营科技园、广州国际企业孵化器吸引东盟跨国公司来穗设立研发中心，吸引东盟科学家、领军人才到广州工作与创业，进而将广州打造成为东南亚的创新创业中心。

由于东盟各国科技及产业发展不均衡，因此要因地制宜，采取不同的科技合作策略。具体来看，在基础学科、农业、医疗卫生、减灾防灾、水资源等领域采取学科共建、科技援助等方式开展国际科技合作。鼓励各类机构通过借助国际机构的力量，争取各类国际援助开发基金，接受国际科技机构委托研发项目，建立具有中国特色的合适发展中国家的规范和标准。对于自然资源丰富、消费水平逐步提高并鼓励外资进入的越南、老挝、柬埔寨和缅甸，广州可重点推进机械和汽车零部件、电子信息、轻工与建材、服装家电等产业的技术转移与合作。针对马来西亚、泰国、菲律宾和印度尼西亚等国科学技术发展水平，重点在先进制造业

技术、生物技术和遗传工程、电子信息技术、金属和新材料、能源环保等领域开展技术合作。利用"中国—东盟信息港"设想将带动整个东盟互联网发展的机遇，深入挖掘东盟国家在信息化方面的需求，推进相关产业发展及技术转移。

（一）健全合作机制

要加强与东盟各国科技合作的顶层战略设计和宏观管理，协调与东盟各国的国际科技合作。探讨与新加坡、吉隆坡、曼谷等东盟城市建立东南亚城市创新联席会议制度，共同促进广州与东盟的创新发展。鼓励各区与东盟国家各地县缔结国际友好关系，加强政府间的联系与合作。充分发挥各行业协会等民间非政府组织的作用，探索设立双边或多边的科技社团联盟，推动建立相应的国际科技合作统筹协调机制和业务沟通机制。

（二）打造合作平台

积极争取国家和广东省的支持，并研究将南沙龙穴岛打造成"21世纪海上丝绸之路"的合作园区；探索在东盟国家共建科技园、技术转移示范基地、科研合作基地等。

抓住中新知识城被定为住建部国家智慧城市首批试点地区的有利时机，力争把中新知识城纳入国家重点国际合作项目，重点发展新一代信息技术、文化创意、新能源和节能环保、新材料、生物与健康等高端引领产业，积极吸引知识密集型机构落户。加强与新加坡高端产业的技术研发合作，积极搭建公共研发服务平台，主动承接来自新加坡高端服务外包业务。

利用中国进出口商品交易会（广交会）平台，开设广州科学技术展，定期开展推进广州国际技术交流的会展活动。依托广东省农业科学院、中国科学院广州能源研究所、广州电器科学研究院有限公司、广州白云化工实业有限公司、广州无线电集团等重点机构，围绕广州与东盟国家经济社会发展所需的共性关键技术、先进实用技术，举办学术研讨会、科技展览和技术培训班。

（三）提升服务水平

大力支持发展一批服务于东盟合作的相关国际合作中介机构，发挥其在技术转移、风险投资、需求调查、知识产权服务、法律咨询等方面的积极作用，形成管理科学、办事规范、服务高效的国际科技合作中介服务体系,为广州与东盟开展科技合作提供优质服务。同时,积极建设多领域、多语种创新资源信息网络,为广州与东盟国家科技合作提供科技、经贸信息收集与分析、投资策划、市场调查、科技会展、科技商务考察、技术中介、产品贸易、投资导向与咨询等服务,全面提升广州与东盟科技合作的中介服务水平。

(四) 加强人才培养

利用广州高校云集和在东盟有关国家和地区华侨中具有影响力的优势,重点推动省内高校包括暨南大学、广东外语外贸大学、广东中医药大学等已与东盟有关国家展开合作的高校和科研院所在内,建立科学的国际教育培训体系,加强双方人才培养、科学研发等方面的合作。可以发挥各自具有独特教学资源的高校优势,与东盟有关国家教育部门合作,派出教师出国开展教学与培训,为当地培养造就一批具有较高专业特长的人才队伍。

建立广州—东盟专业技术人才培养基地,通过合作双方政府、企业、高校等国际交流合作平台,在人才培训、职业教育等方面重点培训广州与东盟国家各自发展急需的产业技术人才,包括金融与财税、知识产权保护、信息软件开发、文化创意、特色中药研发、旅游经营管理等高端产业技术人才,为区域经贸交流活动提供充分有力的人才和智力支撑。

借助南洋理工大学在中新知识城设立创新培训基地的经验,积极开展国际合作中短期专业技术人才培训项目。包括城市管理、电子商务、智慧城市、财政、物流等方面的高级培训项目,将新加坡先进的城市建设和社会管理经验传授给国内政府和企业社会管理和专业人才,通过国际合作,最终形成集科技研发为中心,培养高端人才为重点,产业需求为主导的知识经济高地。

第七章 建设21世纪海上丝绸之路背景下南沙新区发展高端航运服务业研究

当前,我国正大力推动实施"一带一路"和自由贸易试验区两大战略,为南沙新区大力发展高端航运服务业,促进广州国际航运中心建设,提供了重大战略机遇。国际经验表明,发展高端航运服务是沿海特大城市、中心城市强化全球控制力,带动周边区域发展,促进经济结构优化和经济增长的重要动力;也是诸多国际航运中心成功建设的关键支撑和共同经验。

目前,广州南沙新区初步具备大发展、大推进高端航运服务的交通区位、基础设施、航运产业体系、市场腹地、金融、科技与制度环境等产业核心要素和支撑条件。然而,相较于世界著名国际航运中心的高端航运服务业发展状况,南沙新区仍然面临诸多问题和挑战。在国家推动"一带一路"、自由贸易试验区落地南沙两大战略的背景下,有必要、有机遇顺应国际航运业发展规律和趋势,确立发展成为国际航运中心的战略目标,正确处理好与香港、深圳港口关系,处理好与珠三角乃至华南、西南腹地市场的关系,加快优化集疏运体系,聚焦5大核心航运产业环节,建设4个产业发展平台,大力创新体制机制,争取更多政策支持,完善航运营商环境,大力谋划推动以南沙港群为核心的高端航运服务发展,发挥出南沙新区的比较优势与后发优势,打造企业成群、产业成链、要素成市的高端航运服务产业集群,为近中期内强化广州国家中心城市辐射带动能力和建设21世纪海上丝绸之路的重要节点与门户提供重要支撑,为中远期广州建设成为我国南方国际航运中心奠定坚实基础。

一、发展基础

（一）拥有发展高端航运服务业的优良自然禀赋

1. 发展高端航运服务的区位交通优势

南沙新区位于21世纪海上丝绸之路的中段，扼守珠江流域黄金水道"咽喉"，周边集疏运交通基础设施网络发达，基本形成以南沙港为核心，以铁路、空港为两翼的通达国际国内的综合物流交通网络。南沙港已经实现与我国沿海多个港口、珠江内河段各港口、内陆广大腹地乃至西南、西北等陆路边境地区的进出口物流的大联动，半径100内公里可覆盖整个珠三角区域及香港、澳门全境，是珠三角世界级城市群加强与21世纪海上丝绸之路沿线各国和城市经贸文化合作往来的前沿区域和重要"门户"。

2. 发展高端航运服务业的资源优势

与珠三角区域内其他城市相比，南沙新区可供开发建设的陆地、海洋面积广阔，人口密度低，资源环境优势突出，历史遗留问题少，开发成本优势明显。与前海合作区（规划面积仅为15平方公里）、横琴新区（规划面积虽达到106.5平方公里，但无优越的港口及海域条件）相比，南沙新区空间优势、航运基础条件更加突出，拥有发展高端航运服务业所必需的土地资源、海洋资源和环境资源。

（二）高端航运服务产业体系逐渐形成

航运服务业是综合型产业体系，涉及航运基础性行业、支撑性行业和关联性行业等多个环节和层次，具有综合型的航运产业基础是发展高端航运服务业的基础条件。目前，南沙新区已经初步具备了航运服务产业融合发展的基础。

1. 船舶装备制造业规模不断扩大

南沙新区拥有中船龙穴造船基地、广州中船大岗船舶配套产业基地、广船国际工业园区、广州船舶制造及配套产业基地等制造基地，是广东省五大先进制造业布局的核心区域。龙穴造船基地是我国三大造船基地之一，已经集聚海洋船舶与海洋工程产业29家，2012年船舶制造业产值达77.34亿元，其生产制造供应链、市场服务价值链已延伸至国际市场，先进的船舶装备制造业成为发展航运服务的重要基础和保障。

2. 国际航运物流业发展迅速

依托龙穴岛航运物流服务集聚区、小虎—沙仔岛能源保障和物流（汽车）基地、南沙保税港区等国际物流平台，南沙新区航运物流业迅速发展，十大国际班轮公司均已在南沙开设航线。截至2013年末，南沙新区拥有集装箱班轮航线57条（国际航线42条、国内航线15条），全年累计航次达到2.27万次。南沙港口完成货物吞吐量2.05亿吨，集装箱吞吐量1036.33万标箱；南沙保税港区进出口货值达493.51亿美元，经营性物流企业和机构近200家，投资额超亿元的物流企业5家以上。此外，作为南沙新区第一腹地的广州，拥有水路运输及辅助企业667家，其中水路运输企业153家、国内船舶管理企业8家、国际船舶管理企业13家、国际船舶代理企业87家、无船承运企业256家、国内外营运船舶达1300多艘。

3. 船舶经纪业初具规模

近年来，南沙新区船舶经纪业务发展迅速，从事运输、货代、船代、报关等服务企业和机构数量逐渐增多。2013年广州航运交易所船舶交易与服务不断发展，通过6个服务网点初步形成以广州为核心，覆盖珠三角地区的船舶交易服务网络，全年船舶交易305艘次，船舶交易额达到10.01亿元[①]。

4. 金融服务支撑能力不断提升

金融业是现代航运的重要保障，是航运业高端化发展、纵深拓展至其他产业领域的重要杠杆。近年来，南沙新区各类银行、保险类机构快速增加，已经集聚了众多国有和地方上的商业银行，以及一批有实力的投资类、保险类、担保类金融机构，引进了广州航运交易所、贵金属交易中心两大交易平台。南沙现代金融服务区已经成为广州建设区域金融中心四大功能区之一，也将是未来广州金融发展的"南极"。截至2013年底，已拥有各类金融机构营业网点76个[②]，金融业基础不断夯实为南沙航运金融发展提供了良好条件。

5. 海洋经济及配套产业快速发展

海洋经济是航运服务产业链的重要环节，南沙新区是珠三角海洋经济优先发

[①] 参见《广州港口与航运发展报告（2014）》。
[②] 其中，12家银行业机构设立了营业网点72个，4家保险业机构设立营业网点4个，数据来源于《广州金融白皮书2014》。

展区，被赋予共同打造粤港澳国际高端现代海洋产业基地、建设优质生活湾区的使命。2012年，南沙新区海洋产业增加值为390.3亿元，占本区GDP的比重达到64.41%，占广州海洋产业增加值比重达到22.30%[1]。此外，航运服务关联产业发展迅猛，船舶评估业务、航运融资与保险服务、港航技术咨询服务初见成效，航运交易信息平台功能不断完善。自2013年10月启动跨境电商业务以来，南沙新区已累计引进19家企业，跨境电子商务公共服务平台也将成立。南沙新区吃、住、行、游、购、娱等生活配套业和金融、会计、保险、法律、咨询、会展、信息服务等生产性服务业发展迅猛，高端项目持续进驻，发展高端航运服务业的配套环境大幅改善。

（三）拥有发展高端航运服务业的强大腹地市场

南沙新区背靠广州国家中心城市、珠三角经济圈、我国经济第一大省（广东）、大珠三角世界级城市群四大"圈层"腹地，经济总量规模巨大，人口、资金密集，是我国发展开放型经济的最具活力的区域之一，进出口贸易业务、航运物流、航运服务等多元的业务市场需求广阔，是南沙新区发展高端航运服务的优越腹地市场。珠三角经济圈的50%区域隶属于广州海关管辖，2013年，珠三角经济圈（除去深圳）进出口总量达到5543亿美元，是2000年的5.2倍多。广州港及全省内河港口的货物吞吐量达到15.63亿吨，集装箱吞吐量达到2062万TEU，旅客吞吐量达到524万人次，占全省的比重分别为54.3%、41.6%、17.2%，巨大的市场需求为南沙新区深耕拓展航运市场提供了天然的腹地基础。

（四）拥有灵活高效的体制机制和多重叠加政策支持

1. 具备高效、精简、与国际对接的管理开发机制

原有的南沙开发区在产业投资、项目审批、土地管制、城市规划等方面决策自主性高，管理体制高效、行政权限较高，具备"统一、精简、高效"的特征。国务院批复《南沙新区发展规划》后，又获得了国家及广东省方面的许多政策支持。随着广东自贸区南沙板块的落地，未来体制机制的顶层设计将更加灵活高

---

[1] 参见暨南大学卓越智库、国家海洋局南海海洋工程勘察与环境研究院：《南沙新区海洋产业集聚发展研究报告》，2013年。

效,开放型经济高地正在形成,为高端航运服务业发展提供坚实保障。

2. 发展航运服务的营商环境大幅改善

南沙新区拥有国家一类对外开放口岸、粤港澳人才合作示范区以及保税港区、CEPA先行先试综合示范区、广东海洋经济综合试验区等特殊政策,在口岸通关人员管理、对外贸易、金融创新等领域拥有较大政策创新空间。继《广州南沙新区发展规划》《广州市南沙新区条例》和《关于支持广州南沙新区深化粤港澳台金融合作和探索金融改革创新的意见》等配套政策体系出台后,吸引国际高端要素的能力进一步增强,对高端航运服务业具有直接推动作用。

二、南沙新区发展高端航运服务业的瓶颈制约

(一)发展高端航运服务的高端要素较少

1. 严重缺乏高端化、国际化的航运人才

丰富的航运人才是发展高端航运服务业的前提条件,广州航运人才数量偏少、层次偏低,与航运高端服务相关的复合型人才更加缺乏,广东全省本科学历以上航海人才比例仅占8%左右。广州虽然集聚了较多的高校和科研院所资源,但是仅有一所广州航运学院,难以满足高端航运发展对高端航运人才的需求。

2. 缺乏大规模、多元化的开发建设资本

高端航运服务业是资本密集型行业,尤其是产业发展初期需要投入大量的引导资金,南沙新区尚处在开发建设起步阶段,需要进行大规模各类投资。而广州政府债务水平较高,财政"捉襟见肘",大规模引进社会资金投资的环境还不够健全,将影响航运产业布局和航运基础设施建设。

(二)抢占高端航运服务市场面临后发劣势

国际经验表明,高端航运服务业具有显著的垄断性特征,先发地区一旦抢占高端航运服务业发展制高点就容易形成垄断优势。另外,在经济全球化、信息化的大背景下,地理空间的限制作用已经大大减弱,高端航运服务业各环节的分离性特征越发明显,意味着航运生产中心和航运服务中心不再是空间上的集聚发展和一一对应,而可能形成一个航运服务中心支撑多个航运生产中心发展的格局,

因此全球航运服务中心的数量可能减少。显然，高端航运服务业的垄断性和分离性特征使广州、南沙新区竞争范围更广、强度更大。因此，南沙新区要发展高端航运服务业，不可避免面临先发地区的垄断挑战和全球范围内同类地区的市场竞争。

（三）高端航运服务产业发展基础相对薄弱

近年来，虽然南沙航运服务业有了长足发展，但与上海、新加坡、香港等港口相比差距悬殊。以上海为例，早在2010年，从事国际海上运输及辅助行业的外商驻上海代表机构已经达到250家左右，有1000余家不同资本类型的国际海上运输和辅助服务企业开展经营活动，非双边海运协议关系的国际航运企业已可设立独资公司，全球九大船级社均在上海开设了代表处，拥有上海国际航运研究中心、上海海事仲裁院、上海国际航运仲裁院等一大批专业化的服务和研究机构[①]；船舶险与货运险总和在上海整体产险市场的占比高达22%以上，上海航运交易所编制的上海出口集装箱运价指数成为全球航运市场重要风向标，并衍生出新的金融市场，通过邮轮进出境的旅客达到26万人次以上；"十一五"期间，上海港口装备产业保持世界领先，占据全球集装箱码头大型设备约70%市场份额。相比之下，目前广州、南沙新区的航运服务还处于完善成长阶段，甚至一些航运指标尚未有统计。

（四）国际及周边区域航运竞争异常激烈

随着全球经济重心向亚太地区转移，围绕亚太市场、新兴经济体的市场竞争日趋激烈，全球航运服务企业都在积极争夺亚太市场，广州必须面对来自国内外的激烈竞争。在西亚太地区，新加坡、香港、上海、东京、釜山等都是位列全球前十位的著名国际航运中心，比较优势均在广州之上；在国内，由北至南大连、天津、青岛、宁波、深圳等相继出台了一系列促进高端航运服务业发展的政策措施，旨在通过发展高端航运服务业抢占区域乃至国际航运中心地位。一些城市主动把握国家战略机遇的敏感性很强，屡屡在全国高端航运发展中出手抢占先机，如宁波率先推出"海上丝路指数"；青岛成立全国首家航运服务业协会；天津获

---

① 参见《上海市加快国际航运中心建设"十二五"规划》。

得国际船舶登记制度/国际航运税收/航运金融业务和租赁业务创新试点支持政策等，都给尚处于谋划建设中的南沙新区带来极大挑战。

（五）兼具针对性和操作性的政策仍显不足

相较于浦东新区、滨海新区、前海新区、横琴新区等沿海国家新区，两江新区、西咸新区、兰州新区等内陆国家新区，以及国内其他先进城市和地区，南沙新区现有政策都较为宽泛，大部分政策还处于框架性的安排，落到"点处"、"实处"的政策措施较少，吸引的国家重大项目、重大资金、重大机构还较少，主要是依靠南沙新区、广州的自我发展和支撑。就航运服务领域而言，国家对南沙发展航运服务的政策安排也都还尚未明确或处于酝酿之中，与周边的盐田港、葵涌港的互补发展的功能定位等还不清晰，发展高端航运服务业的组织协调机制也还需进一步加强，集聚要素资源发展高端航运服务业的体制机制障碍仍然存在。

三、南沙新区发展高端航运服务业的战略思路

紧紧抓住"一带一路"和中国（广东）自由贸易试验区落地南沙的重大战略实施机遇，坚持世界眼光、国际标准、港澳合作的原则，借鉴国际经验，把握第四代航运中心发展趋势，立足珠三角、辐射华南地区乃至东南亚、面向全球，以加快完善一体化的航运集疏运体系，聚焦发展航运服务五大核心环节，做强航运服务四大功能平台，创新涉及航运服务的四类体制机制为战略重点，打造高知识、高附加值、高关联的高端航运服务产业体系。

（一）加快完善一体化的航运集疏运体系

要建成集国际航运枢纽、国际航空枢纽、国家铁路枢纽和珠三角高速公路枢纽于一体的航运设施体系，推进与"一带一路"重要港口城市的铁水联运建设，建设便捷高效的综合物流运输网络和畅通无阻的信息管理网络，成为全球港口体系集疏运体系网络中的枢纽型节点。

1. 推进港口基础设施建设

加快实施南沙港三期工程，谋划在南沙港中部挖入式港池内建设集装箱码头

四期工程，新建若干 10 万吨级集装箱泊位和配套驳船泊位，进一步巩固集装箱吞吐能力，规划扩建沙仔岛汽车滚装码头，提升运输和承载能力，并以此带动甩挂运输业务发展。推进港口智慧化、信息化改造，建设智慧港口。加快珠江口河道疏浚工程，提高其服务内河船舶的能力，巩固承载珠江流域内河集装箱优势。

2. 协助提升珠江流域航运能力

支持和协助珠江上游港口城市开展并加快推进航道整治工程，提升西江航运干线航道从三级提高到二级，提升北江航线达到三级航道标准，深化推动"无水港"网络建设，巩固以广州为中心的连通珠三角及西南地区的高等级内河集疏运网络。

3. 提高陆路集疏运效率

建设南沙港连接珠三角高速公路网的主干公路，加强港口与公路联运能力，扩建和完善南沙港口、滚装码头等重要枢纽区域周边的公路道路体系，打通"最后一公里"无障碍直连直通，布局拖挂甩车停靠站场和配套设施，大幅提高陆路集疏运效率，加强与珠三角及全国各地的对接。

4. 推进海铁、海空协同发展

加快建设南沙进港铁路，完善铁路物流站场、停泊、维修等配套功能建设。在具备充足条件的情况下，推进庆盛高铁枢纽扩建，并大力发展高铁物流，完善高铁站场与汽车滚装码头、南沙港码头的道路通达网络。加强海港与广州北部空港的连接能力，加快实现人员通关、货物通关和检验检疫的一体化，实现海铁、海空协同发展。

（二）聚焦发展航运服务五大核心环节

1. 航运物流产业

发挥广州港南沙港区综合优势，建设大型物流基地。重点发展保税仓储、转口贸易与国际中转、配送、采购、展示等保税物流业务。加快发展南沙临港产业物流，推进先进制造业和进出口商品贸易国际物流基地建设，吸引港澳和国际知名物流企业开展国际货运代理、内外贸物流、物流信息咨询服务[①]。

[①] 肖建成：《把广州南沙打造成为粤港澳全面合作示范区》，《商场现代化》，2013 年第 7 期，第 137 页。

2. 邮轮游艇产业

一是大力发展邮轮经济，以国际标准加快建设南沙客运港口、邮轮码头，建设具有国际竞争力的邮轮母港。鼓励本土邮轮产业发展，优先重点发展珠江流域和泛珠邮轮旅游市场，组建若干本土邮轮公司，支持具备实力的旅行社进驻开展邮轮旅游线路和产品。健全邮轮码头服务体系，完善邮轮补给和维护、口岸联检、海事救助、引航等综合服务功能。大力发展出入境邮轮及邮轮旅客服务业务，争取国家支持，提高通关服务效率，创造便捷环境吸引国际邮轮停靠南沙，率先建设成为南海经济圈的国际邮轮母港。二是大力发展游艇经济，提升南沙游艇会、南沙湾国际游艇博览会等现有平台的国际影响力，积极发展游艇赛事、游艇运动培训、信息服务、游艇交易、维修保养等服务市场，先行先试开展与港澳地区游艇自由行，打造粤港澳游艇旅游中心地。

3. 航运金融产业

贯彻落实《关于支持广州南沙新区深化粤港澳台金融合作和探索金融改革创新的意见》，增强南沙航运金融发展体制机制的创新能力。提升广州航运交易所对接港澳、服务泛珠三角、面向东南亚的综合性航运服务功能，大力发展航运融资、租赁、结算、保险、再保险、信托、货运保险、信用保险等航运金融业务，完善航运金融服务产业链。创新衍生金融产品，力争探索出若干具有"全国第一"标签的航运金融产品。

4. 船舶经纪业务

依托广州航运交易所，积极培育以船舶管理、船舶检验、船舶鉴定、船舶估价、船舶技术服务为主体的船舶交易体系，建立南方最大的船舶交易中心。联合香港相关机构，开发适宜我国国情的航运运价指数期货交易和远期交易，构建我国航运期货衍生品的交易结算平台和信息服务平台，努力培育和引进一批高水平的航运经纪人和团队，建设航经纪协会，建立规范有序的航运经纪市场。

5. 航运综合服务

一是大力发展航运咨询业务。培育和引进国内外航运院校、研究机构、咨询机构，支持权威机构在南沙设立分支机构并开展业务，制定相关市场准入、企业税收、人才引进等方面的优惠政策，探索设立专项资助基金支持业务机构发展，搭建国际航运研究平台，增强航运服务话语权和影响力。二是大力发展海事教育与培训。重视弥补海洋人才不足的短板，积极学习和借鉴国际航运中心发展航海教育的有益经验和做法，设立海事培训和发展专项基金，引进国际优质教育资源，推行"订单式"、"模块式"海事人才培养方式，联合区内大型船舶制造、航运物流等大型企业，加快建设实用高效的实训基地、海事师资培训中心等平台。三是大力发展海事法律、仲裁服务业。争取国家相关部门支持，用好自贸区政策，建立符合国际惯例、对接港澳的法律仲裁服务，建设法律仲裁机构、中介服务机构。不断完善海事仲裁制度，争取和吸引海事仲裁机构到南沙开展仲裁业务，提升南沙新区海事仲裁服务水平。

（三）做强航运服务四大功能平台

1. 规划建设国际航运商务区

抓住中国（广东）自由贸易试验区建设机遇，在明珠湾区谋划建设集涉外、金融、商务、信息、保险、培训、仲裁、中介等为一体的高端航运综合商务区，大力推动与海上丝绸之路沿线国家及地区的国际投资便利化、自由化，实现与国际、港澳的法律、营商规则的对接，争取国家部委支持开展国际船舶登记、国际航运税收、航运金融业务和租赁业务等方面制度改革先行先试。加强与海上丝绸之路沿线城市、港口和港航企业的航运服务合作，吸引香港及国际高端航运企业和服务机构进驻。探索与海上丝绸之路沿线国家商务及商贸合作新模式，减少对外投资审批环节，放宽跨国经营人员出境限制，构建统一的区域市场，推动在国际商品展示、国际转口贸易、国际服务贸易、跨境电子商务、基础设施建设等领域共赢合作。围绕做强做实航运商务区的目标，搬迁广州地区涉及港航服务的行政机构、企事业单位至航运商务区，将中国广州国际海事贸易展览会移至南沙新区举办，带动航运会展和航运文化产业的发展。

2. 建设龙穴岛国际航运服务集聚区

充分发挥和用好中国（广东）自由贸易试验区南沙片区的创新制度安排，以龙穴岛为核心区域，着力推进航运基础设施和航运制度建设，建设国际航运服务集聚区。大力推进与海上丝绸之路沿线国家和地区、城市的货物贸易自由化，延伸龙穴岛保税港区等特殊监管区域政策，进一步实现货物贸易自由化，允许在特定区域设立保税展示交易平台，在龙穴岛合作区内共建广州期货交易所及发展期货保税交割仓库等配套服务市场，把龙穴岛建设成为广州及珠三角企业与东盟及亚太区域开展货物贸易的枢纽区域。创新与国际、港澳对接的航运服务标准、法律仲裁制度、商事服务规则、人员与货物通关制度等国际化环境，提升航运服务的国际辐射范围。适应珠三角制造业发展需要，建设专业性码头，发展和壮大塑料、煤炭、钢铁等大宗商品交易平台，培育指数经济和航运金融。加强与海上丝绸之路沿线城市、港口和港航企业的航运服务合作，拓展国际航运服务市场，联合共建若干国际商品展示交易中心，努力建成面向东盟和印度洋周边国家和地区的国际航运网络。

3. 探索建设离岸金融试验区

依托自贸区"一线放开，二线管住"的政策优势，加强与港澳资本市场跨境监管合作，积极试验开展离岸金融、离岸投资、离岸贸易、离岸数据服务等业务，率先在离岸银行、离岸保险、离岸融资、人民币跨境业务、离岸债券和离岸金融衍生品等领域取得实质性突破，推动外汇业务创新从经常项目下向资本项目下拓展，逐步满足企业在转口贸易中的结算便利需求、境外套期保值需求和境外融资需求[①]。探索人民币输出和回流渠道，打造成为广东在岸人民币市场与香港离岸人民市场紧密融合的国际金融核心区，推动人民币在周边化发展的基础上进一步加快国际化进程。

4. 做强做优航运交易平台，进一步提升广州航运交易所功能

借鉴上海和国际经验，着力构建船舶交易与鉴证平台、临港大宗商品交易平台、航运综合信息平台，开展航运信息的加工与发布、航运公约的宣传与推广、航运政策的研究与定制、航运业务的沟通与交流、航运交易的经纪与鉴证、航运实务的咨询与代理、航运文本的制定与示范、航运市场的规范与服务、航运价格衍生品开发与交易等业务。探索与香港实现资源整合、优化分工，共同在南沙培育规范化、国际化的船舶交易市场，搭建覆盖海上丝绸之路沿线国家和地区船员的劳务信息平台，建成航运服务资源配置高效、航运服务功能健全、航运服务环境优良的国际航运交易服务中心。加快申请建设广州期货交易所并落户南沙，积极把握国家发展国内交易平台、争夺大宗商品国际定价权的战略机遇，加强与香港商品交易所的合作，加快恢复广州期货交易所的申报与批复工作进度，充分发挥广州及珠三角商品制造市场密集优势，以及南沙货物贸易、港口物流、仓储、

---

① 闫格：《抓住天津自贸区建设契机，推进金融改革创新和发展》，《港口经济》，2014 年第 5 期，第 34～35 页。

保税等综合优势,争取在南沙打造国际大宗商品交易和集散中心,并编制与发布大宗商品交易价格指数,努力打造具有国际影响力的"广州价格"指数。

(四) 创新涉及航运服务的四类体制机制

1. 推进税费政策改革

以香港、新加坡的税费标准为参照目标,在国家新一轮财税制度改革和自贸区框架下,积极争取在先行先试许可的范围内,根据对"境内关外"的理解和对《企业所得税法》第二十五条的解释,对区内的高端航运服务企业,无差别地给予所得税优惠,并辅之以租金减免和税收返还等间接减税措施[①],最终使得区内的企业税负,能够至少与香港的企业税负持平(16.5%)。对在南沙新区或龙穴岛注册的企业从事离岸金融、离岸服务外包业务取得的收入,免征营业税[②]。进一步加强港区、港港间联动,推进启运港退税制度,降低关税和减少征收关税的货物种类,对国际中转货物和国际过境货物免征港口建设费;下调船舶买卖手续费;转变航运企业税收政策,实行吨税制。对于将南沙港作为处女航启运港、转运港或目的港的国际船舶可减免征收港口费用,对于多次挂靠南沙港的国际船舶可减免征收港口费用和实行年费制。

2. 创新金融制度改革

采取内外分离型离岸金融模式,积极进行离岸金融业务试点。逐步引入21世纪海上丝绸之路沿线国家和城市的金融机构发展多种金融业务。争取先行试点推动人民币、港元、澳门元自由进出。积极开发期货交割和商品保税展示等业务,建立专业性保税展示交易平台,形成符合国际惯例的国际贸易结算中心。允许区内重点航运服务企业开设离岸账户,实行一定额度内资本项目下人民币自由兑换和外币的自由流通;对于外资企业或外向型企业,实行一定额度内经常项目下海外资金的自由汇兑和转账。放松外汇管制,解除离岸银行以及与非居民间从事离岸业务的外汇控制,允许离岸资金自由进出和汇兑。

3. 创新通关服务制度

加强与大珠三角及内陆口岸合作,探索建立检验检疫、海关、边检等口岸部

---

① 上海港口协会:《中国(上海)自由贸易试验区"先行先试"》,第十届长三角科技论坛——港口分论坛,第64～68页。

②《财政部 国家税务总局关于深圳前海国际航运保险业务营业税免税政策的通知》。

门跨地区监管合作新模式,形成口岸监管结果和信息互认共享机制。积极推进"电子口岸"建设,为人员、货物和车辆出入境创造更加便捷高效的通关服务,加速形成"大通关"格局①。在区内投资、就业的境外人士及居住在南沙的港澳、新加坡等地区居民可办理居住证,并可持居住证通过自助通道进出境。对沿线国家船员及旅游人士实行落地签证,允许短暂停留6天。对进入南沙的定航线、定船员的外籍船舶(含港澳籍游艇),推进出入境船舶零待时作业。

4. 完善监管服务机制

借力自贸区建设,全面优化缩减航运负面清单,强化事中、事后监管。根据我国对外贸易和国家安全战略,将货物分为海关监管货物和非监管货物以及免税货物和非免税货物,扩大非监管货物和免税货物的种类,分别设立监管货物保税仓库和非监管货物保税仓库。针对监管货物和非监管货物实施不同的清关程序和许可证制度,为非监管货物设立便捷清关通道和出口许可证办理的宽限期。在货物进口复出口制度上,可根据企业信誉和资质,设置一段期限免于办理货物清关手续,并在进口环节可免征进口环节增值税。在货物转运制度上,实行海关监管豁免,除监管货物需进行备案并取得海关许可外,对于非监管货物可自由转运。

四、南沙新区发展高端航运服务业的对策思考

(一)确立一个战略目标:我国南方国际航运中心

南沙新区要以发展高端航运服务为产业基础和开发建设的重要突破口,确立未来建设成为我国南方国际航运中心的战略愿景。采取倒逼制、倒排制、分阶段、分步骤的思路,统筹谋划各项发展任务和发展重点。近期内,要充分抓住"一带一路"战略、中国(广东)自由贸易试验区政策、粤港澳深化合作的重大机遇,主动谋划、积极争取,建立国家航运服务综合试验区。

---

① 《深圳经济特区前海深港现代服务业合作区条例》。

（二）正确处理两大关系

一是要正确处理与周边港口的关系。广州、深圳、香港三大中心城市毗邻相依，三大港口均为国际性港口，竞争与合作并存、竞争大于合作，特别是目前深圳、香港港口业务一体化、专业化的整体发展趋势和优势远大于广州，一些关键性航运和港口服务指标，广州长期处于劣势。广州必须要发挥比较优势，深入研究深圳、香港航运发展趋势、重点和弱点，明确自身重点领域，按照专业化、复合化、综合化的路径做强做大，特别是在中国（广东）自由贸易试验区直接覆盖南沙港的政策驱动下，应更加自信、更大力度地推动发展。

二是要正确处理好与辐射区域的关系。必须看到，上海及长三角地区对长江经济带的上、中、下游的全面的虹吸效应越来越明显，而广州乃至珠三角地区对湖南、湖北、河南、江西等中部地区，乃至四川、陕西等西南西北地区的辐射效应正在减弱，而内地区域是中心城市发展的重要支撑和市场基础，港口、航运也是发挥中心城市辐射作用的关键环节之一。这就要求广州及南沙新区要高度重视在新一轮的改革开放中处理好与内陆腹地乃至东南亚、南亚等国际腹地的关系，按照"珠三角—西南西北地区—中部省份—东盟欧美"这一圈层结构，发挥好高铁、航空、港口等"硬实力"以及制度创新、技术积累、人才聚集等"软实力"的综合吸引力优势，保障广州、南沙新区的"辐射源"地位。

（三）建设国际航运服务人才特区

一是要加快培养和集聚高端航运服务人才。一方面，要重视培育和引进人才。创新方式与国际知名航运培训机构合作方式，着手研究把广州航运学院迁入南沙，以此为基础申请建设广州海事大学，构筑国际化的航运人才教育培训平台。尽早出台《南沙新区集聚航运人才实施办法》，探索对接香港航运从业资格认证制度，培养与引进一批与国际接轨的高端航运服务专业人才。另一方面，要重视培育和引进团队。瞄准国际船级社、航运金融机构，制定主动招商与合作计划，实现以高端项目集聚高端人才的目标。

二是要建设国际化的船员交流和就业市场。依托明珠湾区域，争取国家政策支持，加强与海上丝绸之路沿线国家和地区的人才合作与交流、签署人才合作备忘录等框架协议。加快完善广州航运交易所功能，健全航运人才需求与供给信息库和信息发布机制,打造高端航运人才交流就业信息平台,提供配套的船员法律咨询、业务培训、劳动仲裁、权益保障等综合服务。

(四)优化提升服务环境

一是研究制定《促进高端航运服务业发展的若干意见》,协调落实支持高端航运服务业建设的政策措施,加强对高端航运服务产业发展的监测和分析,做好项目规划建设及招商引资等协调工作。

二是提高项目审批效率,加快项目进程,提供一站式全方位服务,从项目的核准、审批、登记到土地证办理、税务证办理、工商行政注册以及人员招募、本地供应商推介等方面提供不间断服务,营造更好的引商、安商、扶商环境。

三是成立南沙新区高端航运服务协会,搭建航运企业和政府之间沟通的桥梁、航运业界和金融业界的联系平台,推动行业转型和提升。

四是设立统一的航运平台组织管理和开发建设专职机构及相应联席会议制度,建立高端航运服务业发展促进机制。

(五)加强交流与沟通机制建设

一是加强区、市与省沟通协调。倾全市、全区之力发展南沙新区高端航运服务业,进一步完善南沙新区发展航运服务包括海洋经济的各项工作机制。做好与省市有关部门的衔接,统筹协调推进过程中遇到的重大问题。

二是加强与国家相关部委和内陆省份的沟通协调。充分利用推进中国(广东)自由贸易试验区南沙片区建设的机遇,争取以省名义建立部际协调机制,在航道建设、基础设施建设、人员与货物通关、货币流通等多个领域推动制度改革和获得政策支持;并及时向国家有关部委上报航运服务发展情况,争取相关指导与协助。加强与中南和西南省份的深度交流与合作,在海关制度一体化、要素流动成本减免和补贴、流域港航设施共建、发展成果共享等方面开展更大力度的务实合作。

三是加强与海上丝绸之路沿线国家和地区的交流合作。以广州国际友城为突破口,加强与港澳地区,与新加坡、马来西亚、泰国、印度等印度洋周边地区,与日本、韩国、美国、巴西等亚太地区的港口与城市的合作,学习和借鉴其发展举措和经验,推动航运要素"走出去"与"引进来",共享合作成果。

第八章 广州发挥华侨华人优势助力 21世纪海上丝绸之路建设

一、历史传统：华侨华人与海上丝绸之路

历史上的海上丝绸之路发端于中国而延伸至世界各地，是古代中国与外国交通贸易和文化交往的海上通道。随着全球化的日益加深，建设21世纪海上丝绸之路重新焕发了巨大的现实战略意义和理论意义。仅2012年的统计，我国与海上丝路沿线各国贸易总额占全国外贸总额的17.9%，高达6900多亿美元[①]。

广东是古代海上丝绸之路的重要起点，粤西湛江地区从汉代开始就是海上丝绸之路的始发港，广州在公元3世纪起就成为海上丝绸之路的主要港口与策源地，有悠久的对外贸易历史和深厚的对外文化交流底蕴。唐宋时期，中国经济重心南移，广州与泉州成为对外贸易的重要口岸，与东南亚贸易渐兴。粤籍早期移民从广州起，因通商定居在贸易和交通发达的东南亚各港口，这些移民沿海上丝绸之路居住和经商而成为华侨华人早期形态。近代以来，广东人漂洋过海，"下南洋"、"闯北美"、"走非洲"、"奔拉美"，足迹遍及全世界，广东华侨华人[②]在世界各地尤其是亚太地区的经济、文化甚至政治等方面的影响深远，广东文化在

[①] 参见《打造海上丝路 广东"桥头堡"》，《广州日报》，2014年3月1日。

[②] 华侨指的是定居在中国境外的中国公民，而成为居留国公民的华人及其后裔不能称为华侨，严格来说只能称为海外华人。另一方面，身在香港和澳门的居民，曾在各自殖民时代被置于中国境外，直到回归才成为名正言顺的中国公民，实际上被称为港澳同胞。由此可见，华侨、华人与港澳同胞三类群体是有严谨的区分和解释的，但在改革开放后，许多地方政府，乃至民间在处理有关华侨事务时，往往笼统或含糊地将海外华侨、华人和港澳同胞均包括在内。参见《中华人民共和国归侨侨眷权益保护法》（中国民主法制出版社2000年版）和广东归国华侨联合会编《侨联侨务工作资料汇编》（1996）。基于此，本课题所指的"华侨华人"包括上述三类群体。

亚太地区也广为流传。这些旅居海外的华侨华人在对侨居地的开发建设，促进中外友好关系、交通贸易和科技文化交流等方面发挥重要角色，成为历史上"海上丝路"的重要组成部分。2010年，习近平同志曾对华裔子弟说，团结统一的中华民族是海内外中华儿女共同的"根"，博大精深的中华文化是海内外中华儿女共同的"魂"，实现中华民族伟大复兴是海内外中华儿女共同的"梦"。2014年9月16日，国务院侨办主任、中国海外交流协会常务副会长裘援平在出访缅甸的访问中着重指出："推进21世纪'海上丝绸之路'建设时，千万不要忘记一支重要的力量——海外侨胞。他们是共建海上丝路的天然合作者、积极贡献者和努力推动者。目前海外有6200多万华侨华人，其中有4000多万分布在东南亚国家。这里恰好是海上丝绸之路主航道辐射的地区。在推进海上丝路建设时，东南亚华侨华人可以发挥独特作用。"① 而在21世纪海上丝绸之路建设中，广东华侨华人能继续发挥自身的传统优势，在经济、劳务等一系列交流合作中发挥桥梁和纽带作用，成为双方交流沟通的使者②。因此，要华侨华人充分助力广州参与21世纪海上丝绸之路建设，首先要认清华侨华人发挥的作用，其主要反映在经济、社会、文化几大方面。

（一）华侨华人及华商网络对区域经济发展有积极影响

改革开放以来，广大华侨华人、港澳同胞参与中国大陆经济建设的资金多，范围广，时间长，史无前例。这在经济发达、海外华人华侨众多的广州尤为突出。从全国来说，海外华侨华人和港澳台同胞投入的资金，差不多占了实际利用外资总额的60%，而在广州的外商投资中，侨商投资比例则占了80%③。2013年12月，广州市的侨资企业（含港澳企业）已有约15000多家，占全市外资企业总数约70%④。广州侨资企业有效弥补了国内建设资金不足，并且通过先导和示范作用带动了更多的外商到广州投资，推动了广州经济的增长；同时，侨资企

---

① 参见《国侨办主任裘援平：海外侨胞是建设海上丝路重要力量》，http://finance.people.com.cn/n/2014/0918/c387602-25683937.html。
②《广东省人大常委会主任黄龙云在"省人大常委会邀请东南亚侨胞为广东建设21世纪海上丝绸之路建言"上的讲话》，http://www.rd.gd.cn/xwdt/201407/t20140718_142113.html。
③《侨商占广州外商投资80%》，《信息时报》，2004年8月28日。
④ 翁淑贤：《广州外企七成是侨资》，《广州日报》，2013年12月24日，http://gzdaily.dayoo.com/html/2013-12/24/content_2492188.htm。

业带来了先进的管理经验和市场理念,引进了先进的技术和设备,培养了一批国际化人才,促进了广州的产业转型和升级,推动了广州开放型经济形成;带动了中国产品走向国际视野,进入到国际市场化的进程中;最后为广州地区提供了大量的就业岗位,缓解了华南地区的就业压力,提高了人们收入水平。侨资企业在广州安家落户为广州的发展提供了重要的动力。(吴洪芹,2007)

从华商网络来看,不少华侨华人经过几代人的艰苦打拼,已经在移居地(比如东南亚)打下事业基础,很多华商的产业布局集中在丝路沿线地区。随着建设海上丝路战略的细化和明朗化,华商可以在经济贸易中寻找切入点,调整产业布局,配合和顺应这一战略的实施。广东与东盟十国在农业、能源、制造、加工业等领域传统上就一直保持着较好的合作,特别在2010年中国—东盟自贸区建立以来,双方的合作更是不断加强,双边经贸关系不断深化。仅2013年,广东对东盟进出口贸易额达1022.1亿美元,占中国对东盟进出口额的23%,东盟更是成为广东第一大进口来源地,第三大贸易伙伴,第四大出口市场。而就广州而言,其历来都是中国与东盟经贸合作的重要门户城市,东盟十国也已成为广州市除美国、欧盟之外的第三大贸易伙伴,是广州"走出去"的重要基地。2013年广州市与东盟贸易总额达132.06亿美元,占广州市进出口额的11.27%。2013年,广州从东南亚国家引进和利用合同外资1.48亿美元,实际利用外资4.05亿美元。2013年地区生产总值15420亿元,商品进出口总值1189亿美元,服务贸易总额567亿美元,234家世界500强企业落户广州。[①]

在改革开放以来中国建设的历史进程中,无论是市场经济体制的建设,还是加入WTO参与世界市场的竞争,华人侨商带给中国的不仅是资金,技术以及管理,更重要的是现代商业文化的价值观念,以及全球化的视野。所以,广大的华侨华人,不仅是中国改革开放的参与者和受益者,也是中国经济发展的开拓者和推动者。

(二) 华侨华人促进海上丝绸之路的人文交流与文化传承

建设海上丝绸之路,不仅仅是经贸合作,人文交流在其中发挥着最基础、最重要的作用。生活在海上丝绸之路沿线国家的侨胞,通晓当地的语言文化和国

---

① 黄小晶:《广州建设21世纪海上丝绸之路的战略思考》,2014年7月27日。

情,可以在推动中外交流、增进互信等方面发挥作用。

此外,海外华人对祖籍国与故乡的情感归属与文化认同,还借由华人传统的民间信仰、宗教形式、风俗习惯表现出来,其中最为重要的就是其返乡的尊祖敬宗的祭祀活动。改革开放以来,大批海外华侨华人回乡省亲祭祖、扫墓拜坟,并借此机会与侨乡社会展开交流、互动。比如,1985年泰国云氏大宗祠回粤扫墓。广州市侨办、区政府以及天河区侨办等对此高度重视,开会决定修复云氏祖墓,并解决了影响祖墓重修的沙河镇沙河食品厂的搬迁问题。1988年,由泰国云氏大宗祠族长、前泰国政府财政部长云逢松率领宗亲成员63人组成的"清明祭祖扫墓团"抵达广州,举行扫墓活动。云氏宗亲成员感恩广州市侨务办公室协助祖墓修复一事,往后每年组织一批云氏子孙年轻后代回广州扫墓,加强了云氏宗族对祖籍国的深厚感情。(广州市人民政府侨务办公室,2000)

广东尤其是广州一直重视对海上丝绸之路沿线国家的文化交流的工作,近年来更是在粤籍华侨华人众多的东盟国家组织了丰富多彩的文化交流活动,举办了多场广东文化周活动,当地华侨华人成为广东文化重要的接受者与传播者。此外,广州市侨办近年来还组织智利、缅甸、巴拿马等9个国家和地区的海外华裔青少年参加冬(夏)令营,见证了广州社会、经济、文化的繁荣发展,增进了对祖籍国的亲近之情。《广州华声》《荣誉》杂志全年发行1.3万份,"广州侨务"微博关注量达26097名,各类侨刊、侨讯的平台使得海外侨胞"集体家书"的作用得到充分发挥。花都儒林小学、花城小学和新庄小学挂牌为广州市侨办华文教育基地;花都区侨办拍摄的《花都之子》在中央电视台播出,番禺区侨办举办中国新西兰文化交流活动、番港澳台四地书画展,在旅外乡亲中引起较大反响。

(三) 华侨华人社会与广州侨乡积极的社会互动

广州毗邻港澳,是中国改革开放的南风窗,很容易获得有关海外移民的资讯和机遇。因此,改革开放后以家庭团聚、留学等形式出国的城市中心区新移民的数量急剧增长。

目前,广州的华侨华人、港澳同胞可分为来自中心城区以及郊区两大部分。来自广州中心城区的华侨华人有很大比例出自越秀区(包括原有的东山区)、荔湾区、海珠区。这三个中心城区的海外华侨华人总数为19.48万人,港澳同胞总数 15.3 万人，合计占三区总人口的 10.92%；归侨侨眷总数 61 万人，占三区总人口的 19.15%[①]。这三个中心城区作为大城市里的侨区，其特征以及海外移民与祖籍国的互动不同于从乡村出去的海外移民与家乡的交往模式。

华人迁徙南洋，寓居当地，形成一定的聚居规模之后，以血缘、地缘为中心的华人社团和组织扮演了凝聚族群的重要角色。在中国的海外移民中，广东人因其移民时间较早，往往也最早建立社团组织，并与侨乡的乡村组织保有联系。传统的华人社团多为宗亲会和同乡会，前者由在海外的许多同姓宗族共同组成，维护同姓宗族利益，促进相互关系发展、调解宗族内外及与其他宗族间的矛盾纠纷。目前，广州市各级侨务部门还与遍布世界近 50 个国家和地区的 400 多个华侨华人社团保持着友好交往和联系，其中，地域性、宗族性传统社团 250 个，商会、专业协会、专业人士联谊会、校友会、同学会和行业协会等专业社团 130 个。

改革开放 30 多年来，海外华人侨胞、港澳同胞"反哺"侨乡社会，以回乡探亲、寻根、旅游及公益捐赠等方式积极参与祖籍国侨乡社会公益事业，总计向广东捐赠了慈善公益项目 3 万多个，捐款赠物折合人民币超过 400 亿元，占全国侨捐总额约六成。这 30 年来，来自上百个国家和地区的海外乡亲参与了捐赠，个人捐赠总额最高的达 28 亿元，捐赠累计 1000 万元以上的达 200 多人，涌现出一大批侨捐慈善家[②]。2014 年广州市侨捐项目的数据显示，改革开放 30 多年来，海外乡亲在广州地区捐赠超过 38 亿元、侨捐项目 3500 多项[③]。

综上所述，华侨华人在建设 21 世纪海上丝路上发挥着经济、文化与社会三大方面的重大作用，具有巨大侨力资源的广东广州如何发挥并利用好华侨华人的作用，将广东建设成为我国与 21 世纪海上丝路沿线国家华侨华人交流合作的示范区并构建广州成为这个示范区的中心，打造侨乡之都，将是广东服务国家"一带一路"战略的关键。

[①] 上述数据由广州市人民政府侨务办公室于 2014 年提供。
[②] 参见《广东华侨捐达 400 亿元》，http://cszh.mca.gov.cn/article/gyzx/200810/20081000021542.shtml。
[③] 郑兴、张红:《广州，处处'侨'味飘香》，《人民日报·海外版》，2014 年 4 月 30 日第 6 版，http://chinese.people.com.cn/n/2014/0430/c42309-24960602.html。

二、广州助推华侨华人建设 21 世纪海上丝绸之路的优势

在重建 21 世纪海上丝绸之路过程中,广州有着得天独厚的优势。广州是海洋文明传入中国的窗口,是中国近代工业和民族工业的重要发源地,具有历史优势;对比京津冀、长三角,广州毗邻港澳,通江达海,具有通道与地缘优势。粤籍华侨华人生活在东南亚各国,他们对于岭南文化具有共通性和认同感。此外,广东是中国的经济大省、人口大省,也是创新理念最先进的地方,和海上丝绸之路上其他地方相比,这是广东独有的优势。在重建海上丝绸之路的过程中,广东省尤其是广州具有历史、侨力资源、城市发展战略、区位和文化等几方面的优势。

(一)广州有华侨华人参与地方发展的历史传统

广州自唐代以来就成为世界海洋贸易的"东方中心",历史久远,和海外的联系绵延不断,明清两朝辉煌的十三行更是奠定了广州作为当时区域经济中心的地位。这种重商传统在广州代代延续,也正是这种重商传统的浸润,以及海洋网络和文化的推动,使得广州成为中国革命的策源。当时十三行的主要家族,许多便建立了庞大的跨国经商网络,成为国际性的商人,他们的子女开枝散叶,远至东南亚与北美,构成了早期华侨华人国际性商人代表,对广州地方经济以及与海上丝绸之路国家和地区的经济贸易起到了重大作用。

在新中国成立之后,百废待兴,广州又一次成为门户焦点"南风窗"。我国政府为应对来自西方敌对国家实行的"封锁、禁运"政策,急需外汇从国外进口工业设备和稀缺生产生活资料,出于自救的需要,将突破封锁的外贸尝试变成了沟通世界的窗口,广州在当时的历史背景下成为"中国出口商品交易会"的举办地。无独有偶,华侨华人、港澳同胞的大力支持和热心参与正是早期的广交会得以突破西方的经济封锁的关键因素,而后一直在广交会 50 多年的发展历程中占据的核心地位,并仍将在广交会今后的发展中起着至关重要的作用。

（二）广州是华侨华人最多的大城市，有丰富的侨力资源

在东南亚的广东籍华侨华人占广东海外华侨华人总数的60%以上。在泰国，祖籍广东的占泰国华侨总数的79%；在印度尼西亚、菲律宾、马来西亚和新加坡，祖籍广东的分别占49%、12%、57%和45%。而广州市截至2014年，有华侨华人、港澳同胞和归侨、侨港澳眷属近400万人，其中，海外华侨华人117.96万人，港澳同胞99.63万人（香港同胞949741人、澳门同胞46574人）。广州市华侨、华人分布在世界116个国家和地区。已知人数较集中的国家依次是：美国（349847人）、加拿大（231415人）、巴拿马（144953人）、新西兰（61211人）、澳大利亚（54855人）、马来西亚（46590人）、新加坡（45725人）、秘鲁（30123人）、印度尼西亚（25897人）、越南（20158人）、英国（19194人）等。市内归侨侨眷、侨港澳眷属近160万人（市内归侨1.68万人，侨港澳眷属156.87万人），占广州户籍人口近1/5。全市侨港澳资企业15400多家，占外资企业总数70%以上；华侨华人专业人士近3.5万人；华侨捐赠超过38亿元人民币；华侨文化史迹150多处，其中全国、省、市文物保护单位20多处[1]。若按照华侨华人、归侨侨眷在家乡总人口的比重以及海外移民与家乡的各种关系紧密程度而言，广州是当之无愧的"侨乡"。目前，广州的华侨、华人、港澳同胞人数在中国直辖市及计划单列市中位居第一；与广东省各侨乡地市比较，则列汕头、江门、梅州之后。

此外，就移民历史而言，近代以来还有三波外地华侨华人落脚广州，第一波是20世纪二三十年代，一批珠江三角洲的华侨在广州购置房产、投资产业，并定居广州，他们多数是美洲华侨。第二波是20世纪五六十年代，一批原籍各地的华侨在广州购置房产，他们多数来自东南亚，主要居住地有原东山区（现越秀区）华侨新村等。第三波则是20世纪80年代后，一些境外乡亲在广州购房，其中港澳同胞占了很大比例。（《广州市志·华侨志》，1996）这使得广州成为华南区域华侨华人经济、文化、社会生活的中心，也是广州打造侨都的重要基础。

广州所拥有的地利、财力、信息、技术、人力资源等方面的优势非一般小城

---

[1] 上述数据由广州市人民政府侨务办公室于2014年提供。

市和乡村所能比拟。这也进一步也使得海外华侨华人与广州的互动不局限于传统的捐资或传统产业的投资上，还发展出依赖技术开发区、留学生创业园等载体、以高科技高人力资本为主要特征的投资模式。

（三）广州建设国家中心城市、世界历史文化名城、南沙自贸区等城市发展战略优势

广州作为国家首批历史文化名城，被誉为古代海上丝路发源地、岭南文化中心地、近现代民主革命策源地、改革开放前沿地，拥有丰厚的历史文化资源。党的十八届三中全会召开后的若干年，是广州加快转变经济发展方式、实现经济社会转型的关键时期，也是广州加快建设国家中心城市、推动国际大都市建设、建设文化强市培育世界文化名城的重要阶段。2015年，广州南沙自贸试验区顺利挂牌，广州更是将自贸区建设作为改革开放的头号工程，面向全球，科学谋划，先行先试。这些城市发展战略奠定了广州在构建21世纪海上丝绸之路的国家发展战略中的重要地位，并为发挥广州对外交往历史悠久、华人华侨众多优势，提供了政策保证。

（四）广州毗邻港澳，是经济发达、交通便利的珠三角区域的中心

广州是广东省省会，广东省政治、经济、科技、教育和文化的中心。广州市地处华南咽喉之地，是地区陆路、铁路、航运、空运的中心，与全国各地的联系极为密切。因此，广州有中国"南大门"之称。广州（穗）、香港（港）、澳门（澳）三地同属一个自然地理区域，三地水陆相连。在历史上，三地人口交流频密，广州和珠江三角洲有大批居民迁徙到香港、澳门，参与两地的开埠建设；这些迁移港澳的居民，又始终与内地同胞保持密切的亲缘关系和民间往来。由于地缘和亲缘的关系，在漫长的历史演变过程中，穗港澳之间形成了一种特殊的人文关系，在经济、政治、文化各个领域，三地互相渗透，互相影响，同声同气，休戚相关。而港澳又是改革开放前华侨华人重要的驿站和节点，与广州守望相应。此外，广州还地处华侨华人密集的三大侨乡江门、梅州、潮汕的中心地带，有发达国际航空及航海货运路线，有着以华侨华人为纽带，辐射海上丝绸之路沿路国家和地区，特别是与东南亚国家开展经贸、文化发展的区位优势。在近来珠三角区域经济一体化过程中，广州作为中心城市，不断带动周边区域的社会建设与经

济发展。其中，侨资企业对广州经济发展作出了重要贡献。

（五）广州与海上丝绸之路国家和地区人文渊源深厚、生活相近，合作愿望强烈

粤人下南洋的历史远至千年，大量广东侨民居住于东南亚等丝绸之路沿线国家，东盟十国拥有广东籍华侨2300万人，占东盟全部华侨华人六成左右[①]。广州是广东省省会，是粤籍华侨经贸、文化互动的枢纽中心城市。无论是广府、潮汕、客家语系的华侨华人都能在广州找到认同感，他们成为促进广州与丝绸之路沿线城市经济文化、社会人才交流与合作的重要力量。广州与东南亚地缘相近、人缘相亲且文化相通，有的东南亚国家甚至通用粤语（如马来西亚吉隆坡地区）。泰国、越南、马来西亚、菲律宾、柬埔寨、印度尼西亚、新加坡、印度、巴基斯坦、斯里兰卡、老挝等国家均在广州设立了总领事馆，这在整个华南地区是独一无二的。此外，广州无论在气候还是城市风格上都与东南亚城市极为相似，这有利于促进了双方技术和人才的广泛交流和社会交往。

三、广州华侨华人助力21世纪海上丝绸之路建设的努力方向

（一）加强对侨工作的总体规划和统筹

广州有着得天独厚的侨力资源，而且随着时代的推移其重要地位更显重要。近年来，中央到各地侨务工作有关部门与时俱进，提倡一种新的"大侨务"观，即以世界眼光和"大外事"、"大侨务"的全局思维、系统思维，谋划外事侨务工作，积极统筹、协调、规范、管理、服务、引导，推动涉外、涉侨、涉港澳工作的开展。但广州在总体的发展战略中，尚缺顶层设计，往往把华侨华人的工作只放在侨办与侨联的相关部门，没有统筹经济、科技、文化等相关部门，形成合力，将华侨华人的社会资本与文化软实力的优势发挥出来。因此，应在未来建设

[①] 参见《广州建设21世纪海上丝绸之路的战略思考》，中国城市发展网，2014年7月29日，http://www.chinacity.org.cn/csfz/fzzl/173391.html。

21世纪海上丝绸之路的总体规划中,加强统筹,打好"侨牌"和"文化牌",加强与沿线各国及地区的人文交流和公共外交,城市营造良好的外部环境。

(二)加大对侨工作的重视程度并鼓励创新力度不够

近年来"软实力"的重要性愈来愈被重视,建设"软实力"也被提升到国家战略的高度,国侨办、外交部、中央统战部等政府相关部门也认识到在实际工作中培育"软实力"的重要性,尤其是涉侨部门已经开始积极思考"软实力"与侨务工作的关系、华侨华人与中国"和平发展"的关系,进而到最近华侨华人与建设21世纪海上丝绸之路的关系。但广州地方相关部门还未完全重视和理解擦亮城市"软实力"的重要性,其传统的侨务工作大多还是没有跳出旧有的"投资"、"乡情"、"捐赠"、"联谊"的框框。随着改革开放的深化,市场经济体制的健全,中国的侨务思想和侨务政策、侨情都发生了根本性转变,侨务工作重点不再是单向的期待和服务华侨华人对祖籍国"作贡献"(投资、捐赠等),而是转向了合作、互利、共赢的双向互动。在全球化加剧,区域竞争激烈的背景下,如何创新思路,打好"侨牌",发挥海外侨民中外沟通的桥梁作用,这在建设国家"软实力"上将具有重要的现实意义。

(三)增强对新时期侨情变化的了解及吸引人才力度

广州对外联络联谊的工作一直保持,但有待增强把握新侨情,因此形成一整套清晰宣传广州城市形象和发展战略的思路。教育部留学服务中心于2014年3月发布的《2013留学人员回国就业报告》显示,北上广深仍然是留学回国人员首选的就业城市,超过一半的留学回国人员(57.94%)期望在北京、上海、深圳、广州地区寻找就业发展机会。作为新移民城市的深圳引进海外留学人员超过5万人,居北京、上海之后位列全国第三。广州作为长期以来华侨华人人数最多的大城市,在吸引高层次华侨华人"海归"的政策优势已经变弱,必须做出重大创新与调整来因应目前人才竞争激烈的新形势,全力打好"侨牌",再创侨务招才引智新优势,构筑人才集聚新高地。

(四)构建上下联动、海内外共享侨务资源的意识

"大侨务"新思路要求打破地域界限的约束,不断扩大工作对象,扩大与非

本籍侨商和侨团的联系，以侨引侨，借助侨力更好地宣传、推介地方发展，为推动地方经济社会又好又快地发展服务。侨务部门需要发挥其自身在招商引资工作中的特殊作用，建立和完善侨务、外经贸、外事等部门联合招商机制，加强经贸、发改、国土、工商联、贸促会、外商协会、侨商会等有关部门和机构的横向联系，收集掌握本地区有关信息及与外商投资有关的各个要素，共享资源，为海外华商到本地区投资和开展贸易提供穿针引线，搭桥铺路的服务。此外，侨务部门还应发挥主渠道作用，做到上下联动，互相配合，资源互补，以更有效地吸引华商在本地区投资和进行贸易，并协助本地企业前往海外华侨华人所在地的合作。

（五）克服传统侨务工作重经济贡献轻文化认同的倾向

以往的侨务工作在对侨胞的文化认同上有认识偏差，比如说过多地强调他们对祖国的贡献，而忽视了他们个人的感受。侨胞对祖（籍）国不一定会有政治认同和国家认同，但文化认同是存在的。部分华侨华人权益受到侵害时，我们的仍没有足够完善的法律法规和华侨工作机制来维护华侨权益。所以说，乡情是联系我们与海外侨胞感情的桥梁。说到底，习近平总书记提出的"根"、"魂"、"梦"就是一种责任，不但是华侨华人有责任回报祖（籍）国，我们同样也有责任做好关心文化认同和维护侨益的工作。

四、广州发挥华侨华人优势助力21世纪海上丝绸之路建设的政策建议

（一）打造侨都：构建链接海内外华人的枢纽

侨务工作复杂，涉及面广，从建设海上丝绸之路这个大的侨务战略来说，单靠一个外事侨务局很难解决问题。广州应鲜明地亮出打造侨都战略，通盘统筹，远近兼顾进行顶层设计，合力经济、人事、商务、文化等部门，做好"东盟文章"和"海洋文章"，加强侨务部门的工作；其次应强调"政府主导、民间参与"的八字方针，在做好顶层制度设计的同时激活企业、民众参与的活力；再次，落地项目，利用广交会和海交会平台作平台，打造与"博鳌论坛"相媲美

的"海上丝绸之路国际论坛",大力发展对外贸易与海洋经济。广州打造侨都,除了继续吸引本土本省籍华侨华人的国际流动外,还应出台政策吸引大量非本土籍华侨华人投资者、创业者、贸易者及各类高新科技、文化等各类人才到广州发展。

在建设21世纪海上丝绸之路这一国家层面的战略机遇面前,沿海各地市争先恐后要占得先机。广州作为古代海上丝绸之路发祥地和改革开放前沿地,有着悠久的对外贸易历史、深厚的对外文化交流底蕴以及宽广的华侨人力资本等优势,应敢于担当、主动作为,在参与建设21世纪海上丝绸之路中发挥"排头兵"作用。要达到这个目的,广州首先要在国际经济秩序深刻变化中找准发展坐标系,按照中央和省关于建设21世纪海上丝绸之路的决策部署,增强机遇意识和国际竞争意识;其次,广州应致力于构建链接海内外华人资源的枢纽,集聚国际资金、技术、人才,积极参与国际经济分工合作,不断提升国际化水平。目前,广州与东盟国家的6座城市结为了国际友好城市和国际友好合作交流城市,分别是:泰国曼谷市、菲律宾马尼拉市、印度尼西亚泗水市和越南胡志明市、越南平阳省、柬埔寨金边市,斯里兰卡汉班托塔区也与广州结为国际友好城市。[①] 这些城市大多拥有丰富的华侨资源。在新的历史机遇下,广州还应重点突破,勇于探索,利用华侨资源与海丝沿线区域国家的城市、港口建立新型的城市战略合作关系。

(二) 借力侨商:推动广州经济全球化

中国新闻社发布的《2007年世界华商发展报告》显示,全球华商的总资产约为3.7万亿美元,但这数据只统计了相当规模的上市华商企业的总资产推算出来,无法统计非上市及小企业数据,当属保守估计。而在东南亚股票市场上,华人上市公司约占70%。(沈卫红,2009)成立于清末的海外各中华总商会是最早的华商组织,20世纪中期以来粤商、潮商、闽商、客商等也纷纷成立各类的世界性联合会,之后更成立了无地域属性的"世界华商大会"。广州市侨商会成立于1999年,是我国成立最早的侨商会,它是在广州兴办企业的侨商联合组织,其组成包括了广州市荣誉市民企业、华侨华人和港澳同胞投资企业、侨属企业以

---

① 黄小晶:《广州建设21世纪海上丝绸之路的战略思考(下)》,2014年7月27日。

及留学回国人员企业，其中有不少的跨国、跨行业以及高新科技企业[①]。广州市侨商会是侨界企业沟通和联系侨务部门以及政府各其他部门的桥梁。商会的勃兴，标示着华商跨国网络形成。

据广东外经贸部门统计，改革开放以来，广东省进出口贸易总值从1978年的16亿美元增加到2005年的4280亿美元。（沈卫红，2009）由此可见，侨商仍是广东乃至广州经济走向全球的重要力量，他们既是广货"走出去"的直接推广者，也是广东广州企业"走出去"的桥梁和纽带。

因此，广州有关方面应推动侨商积极参与到广东新一轮发展中，利用珠三角产业转型升级和粤东西北振兴发展的新机遇、新商机，积极增资扩产、拓展跨国经营，以转型升级促企业核心竞争力提升，并实现侨资企业转型升级、平稳较快的发展。

（三）搭建平台：加强与新华侨华人的联系

应重视与海外华侨华人新力量的联系。海外华侨华人新力量包括具有海外留学或工作经验的年青一代的新移民与海外华侨新生代，两者各有优势和特点，这两种力量对侨乡的发展都起着不可或缺的作用。

新一代的留学新移民，尤其是20世纪80年代在中国出生，到海外留学的新移民，他们伴随改革开放长大，看到的是中国逐步走向强大，他们心中的祖国形象跟20世纪四五十年代出去的老华侨移民是不一样的，尽管都一样亲切，但感受不同。他们从小在中国大陆长大，受中华传统文化熏陶。他们带着中华文化的思想到海外，并学习和吸收新文化，尝试融入新的文化氛围。同时，他们在中国大陆有着扎实的根基，父母、同学都在中国。即使日后回来发展，他们也会水土相服。当中国日益强大，经济实力增强，中国政府主张中华文化"走出去"的大环境下，留学新移民由于自身中华文化的积淀，当他们熟悉侨居国的法律、社会、文化等状况后，身体力行地推动中华文化发展具有相当大的优势。他们成为民间"走出去"宣传中华传统文化精髓的重要依靠。近年来，广州的新移民构成较为多元化，既包括直接从中心城区原发性向外迁移的移民，也包括了其他地方尤其是近郊农村的再移民。这些不同背景的移民与广州的互动呈现比较复杂与

---

① 参见广州市侨商会网，http://www.gzqw.gov.cn/site10/index.shtml，2014-11-01.

多元的特征。

新生代华侨华人,他们在侨居国出生,自小接受当地文化教育与当地的孩子融合一起;在家里,父母会向他们传授中华文化教育的思想。他们的生存能力、沟通技能相对较强,对于如何在这一国际化的职场环境和文化氛围当中发挥自己的才能,更如鱼得水,将可能成为各领域的骨干人才。

华侨新生代青年尽管在侨居国出生,从小受当地文化教育影响,但骨子里、血液里与家乡、与祖籍国有割舍不断的联系,这是家族先辈留传的祖训,是中华传统思想中最基本的特质。华侨新生代应加深对祖国文化的真切体验,加强与当地侨团的文化联系,加紧与家乡组织的密切联络,扩大中华文化在海外的影响力。他们比留学新移民更显优势在于,熟悉当地社会的处事方式,为在海外传播中华文化精髓发挥积极作用。此外,中国大陆发展建设不断需要优秀人才的支持,海外华侨新生代带着自身的优势回到家乡投资建设,发挥的作用与留学"海龟"也不一样。

因此,重视做好华侨华人青年的涵养工作,应联合世界各地华侨华人青年精英,促进相互沟通,以达到合作共赢的目标。建立"三新"人士(新华侨华人、华裔新生代、社团新力量)联系平台,继续承办"海外社团中青年领袖培训班",加强对侨团中青年骨干的联系与培养。组团开展慰侨活动、侨情调研,拓展新关系新资源。同时,应考虑继续扩大荣誉市民工作品牌的资源带动效应。可以探索创新筹建广州市荣誉市民俱乐部,多平台开展荣誉市民联谊服务工作。

(四)打好侨牌:大力开展华文教育与传播

华侨文化是多元文化交流的结果,因此,华侨华人也能在中国与世界交往发挥最佳的"黏合剂"的作用。所以我们要充分打好侨牌。在海外侨务工作中,注重从文化认同的角度与华侨华人进行跨国沟通互动。

首先,积极开展华文教育工作。积极探索解决"洋留守儿童"(如花都、恩平等地)在穗就读问题。争取国侨办在广州各侨区建立"华文教育示范区",打造我市侨务工作新品牌。协助推动暨南大学、广东华侨中学等侨校的海外扩招计划,打造"侨"的品牌的华文教育基地。协助办好海外华文幼师班,做好外派华文教师和华文教育志愿者的选拔工作。积极推进海外华文学校与我市优秀学校的结对子,开展中外名校对接交流工作。继续组织海外华裔和港澳台青少年夏令营和冬令营。

其次,加强侨刊乡讯的指导。召开市侨刊乡讯工作会议,指导市属 8 家侨刊乡讯提高办刊水平,扩大海外发行量,为宣传广州、宣传侨务工作服务;鼓励广州市侨刊与海外华文媒体联合办报、办刊、办版,拓宽侨务对外宣传途径。

再次,大力发掘华侨历史文化。探索侨务工作参与广州市文化建设的新思路,积极参与市文化景观建设,以加快建设世界文化名城为契机,打造广州侨乡都市文化品牌,推动建设广州华侨博物馆、国际少年宫等充分展现侨乡特色的有效载体。加强广州华侨华人历史的研究,挖掘整理侨乡历史文化,宣传弘扬华侨华人的创业事迹、爱国善举,保护和留存海外华裔新生代回乡寻根认祖的记忆,增强归属感。

最后,主打"岭南"牌。广州在建设 21 世纪海上丝路的新形势下的侨务战略下要重点支持粤语(包括潮汕话、客家话、广府话等广东方言)、粤剧、舞狮、龙舟等岭南文化在海外的传承和发展,为广州打造成侨都奠定基础。理由有两个。第一,岭南文化在海外华人社会有着巨大的现实需求。众所周知,历史上绝大多数的华人移民都是广东人,即使到了今天,广东籍华人在海外很多地区仍占据 50% 左右的比重。广东人偏好岭南文化,习惯讲粤语、唱粤剧、舞醒狮。第二,广州推广岭南文化责无旁贷。目前的现实是,国家从全局考虑,只能重点支持和推广以国语(普通话)为基础的中国文化;岭南文化为广东广州所独有,国内其他省份乃至国家下大力气助推不现实;广东是全国经济大省、文化大省、侨务大省,而广州是广东的中心,其有实力、有责任、有动力扶持岭南文化的发展。广东及广州应对此有清醒的认识,进一步把资源投放点和工作着力点聚焦于岭南文化的推广。

(五)凝聚侨力:构建聚侨引智工作网络

2014 年 10 月 13 日上午,广州市委书记任学锋率队赴北京拜访国务院侨办主任裘援平,希望国侨办在广州承办第二届世界华商 500 强广东(广州)圆桌会。因此,我们侨务工作应大力推动聚侨引智,承接国侨办、省侨办高端侨务资源,努力打造以侨引智新平台。构建"大侨务"格局,建立侨务资源共享网络,摒弃传统地域和国籍观念,把侨务引智的范围、平台延伸到整个海外侨胞。特别是要拓展与海上丝路沿线国家华侨华人联系的广度和深度,以"招才引智"为抓手,开展"走出去"战略,密切与海外华侨华人专业社团的联系,逐步建立长期合作关系,借助海外华侨华人专业社团的技术、资源优势,积极开展引进海外华侨华人高端人才工作,加大力度组织推动海外华侨华人专业社团和人士来穗访问讲学、考察投资创业环境、项目对接洽谈等活动,寻找创业合作机会。为做好侨务招才引智工作,广州应从这几个方面着手:

一是加强战略谋划和统筹协调,将侨务招才引智工作纳入全市人才工作全局长远谋划,制定整体工作规划和专项行动计划。二是重视建立共享的信息资源平台,开展新一轮侨情普查,摸清侨情,在此基础上,建立统一完善的华侨华人及海外专业人才信息数据库,实现互联共享,织造侨务招才引智网络。三是加大政策支持力度,建立引进海外人才政策评估机制,完善海外人才认定机制,针对海外人才回国创业和生活居住遇到的签证、居留、融资、企业资质认定、市场准入以及子女教育等困难和问题,借鉴先进城市经验,大胆创新人才政策,研究制定区别于一般外国人的特殊政策措施,支持华侨华人来穗创新创业,强化政策优势,大幅提高广州市对海外人才的吸引力。四是不断拓展侨务招才引智渠道。在坚持发展和利用好留交会等重要引智平台作用的基础上,选择侨力资源丰富、具备条件的发达国家和地区开辟一批"海外招才引智工作站",给予适当经费资助,延伸工作网络,吸收在当地具有良好人脉和广泛影响力的侨领、专业社团领袖和学术带头人担任负责人,以才引才,为广州招才引智作出贡献。同时借助国侨办、省侨办的资源优势,在广州经济技术开发区这个国侨办引智引资重点联系单位以及南沙自贸区、中新知识城、天河智慧城等园区,强化侨务招才引智工作,发挥示范效应。尤其要充分发挥我市毗邻港澳的独特优势,借助南沙粤港澳全面合作示范区这个平台,与香港、澳门联手开展侨务招才引智工作。引进人才不仅要注重引进高层次领军人才,也要根据我市产业结构和经济社会发展需求,引进多层次、有特色、紧缺型人才。五是进一步优化创业和生活环境。增强服务意识,完善服务体系,拓展留学人员服务中心及各级各类服务平台功能,用心用情用力做好工作,提供个性化服务,为海外人才营造良好的创业和生活环境。同时还要强化护侨观念,切实维护华人华侨的合法权益,更好地凝聚侨心、汇聚侨力。

(六)以侨搭桥:鼓励中国与华侨华人所在国的民间人文交流

侨务工作要在新形势下创新体制机制,推进侨务工作的规范化、精细化,侨联工作的作用应该进一步凸显，更好地发挥海内外社会组织的作用。

首先，人文交流引领发挥广州华侨华人与人文软实力优势。"国之交在于民之亲"，海上丝绸之路不仅是东西方海洋贸易的主要通道，也是人民友好交往、文化交流的重要通道。在建设21世纪海上丝绸之路中，要注重结合打好"侨牌"和"文化牌"，加强与沿线各国的人文交流和公共外交，为国家和省、市营造良好的外部环境。探索支持部分具有正能量、传承中华传统文化的亲缘、地缘社会团体，不仅有利于华侨华人在海外的生存发展，凝结华侨华人的集体力量，加强其认同感，并通过传统文化的实践活动，与侨乡保持着密切联系。

其次，中国在21世纪全面崛起引发了海外学习华文的热潮。华文教育，无论承传中华文明，加强华人认同，还是作为培养促进交流的语言工具，再度受到海丝沿线国家政府及当地华人社会的重视。在广州乃至广东地区，旅外华人关注家乡教育，已成为侨乡社会一大传统，也是华人对侨乡社会之文化反哺的重要体现。如今，华文教育不但可以将广东广州和海外华人世界联系起来，也成为推广中华文化最有效、最系统的手段。因此，国家、省、市侨办及相关部分也应时代之需，借助教育机构和社会民间团体的力量，积极走向海外，推广华文教育。设立面向沿线国家的教育培训中心和留学生基地，扩大教育卫生、文化体育等领域的全方位交流合作，不断增进民心相通、民间相亲的友好关系。

最后，应利用当地的华侨华人资源与社会网络，促进多层面的人文交流，开展形式多样、内容丰富的文化活动与民间交流，让华侨华人从文化反哺走向双向互惠，将有利于中华文化的海外传播，并创造出有益于中国发展的国际舆论氛围。因此，广州要探索尝试动员华侨华人的资源与海上丝绸之路沿线区域国家合作，在举办"海上丝绸之路旅游文化节"、"岭南文化节"、"世界广府人"等文化活动项目，全方位展示海上丝绸之路文化风情，以及海外华人社会风貌，增强广东广州在海上丝绸之路建设中的主导地位。与沿线国家和地区开展城市互动和结对，以侨引搭桥，开展互访，在经贸往来的同时，注重开展以民间交流和文化交流为重点的友好往来，巩固交深"老朋友"，结识拓展"新朋友"。

参 考 文 献

[1] 向晓梅. 推动五大转变拓展海上丝路新内涵 [N]. 南方日报, 2014 – 05 – 24.

[2] 毛艳华. 抓住建设"海上丝路"机遇加快构建开放型经济体系 [N]. 南方日报, 2014 – 05 – 26.

[3] 宁波: 打造 21 世纪海上丝绸之路先行区 [N]. 宁波日报, 2014 – 04 – 15.

[4] 发挥广东优势大力推进 21 世纪海上丝绸之路建设 [N]. 南方日报, 2014 – 06 – 04.

[5] 张强; 李江涛. 以国际商贸中心引领广州国家中心城市建设的战略研究 [J]. 城市观察, 2011.

[6] 冯定根. 宁波打造"21 世纪海上丝绸之路"的优势与条件 [N]. 现代物流报, 2014 – 06 – 24.

[7] 章骞. 海权与海上丝绸之路 [N]. 经济观察报, 2014 – 12 – 09.

[8] 陈万灵, 何传添. 海上丝绸之路的各方博弈及其经贸定位 [J]. 改革, 2014 (3).

[9] 耿昇. 2001 年海上丝路研究在中国（上、下）[J]. 南洋问题研究, 2003 (1).

[10] 张华, 赵逸民. 南海击波 丝路论道——"南海海上丝绸之路学术研讨会"会议综述 [J]. 海南师范大学学报（社会科学版）, 2012 (1).

[11] 赵春晨. 关于"海上丝绸之路"概念及其历史下限的思考 [J]. 学术研究, 2002 (7).

[12] 冯定雄. 新世纪以来我国海上丝绸之路研究的热点问题述略 [J]. 中国史研究动态, 2012 (4).

［13］肖利秋. 广州企业"走出去"的现状、问题及对策研究［J］. 南方金融，2010（10）.

［14］李罗莎. 新时期中国企业加快"走出去"的途径与对策建议［J］. 全球化，2013（5）.

［15］中华人民共和国国务院新闻办公室. 中国与非洲的经贸合作（2013），2013（8）.

［16］王世录. 东盟科技发展与对外科技合作［M］. 昆明：云南大学出版社，2006.

［17］彭宾，刘小雪，杨镇钟，等. 东盟的资源环境状况及合作潜力［M］. 北京：社会科学文献出版社，2013.

［18］王勤. 东盟国际竞争力研究［M］. 北京：中国经济出版社，2007.

［19］林仪. 从产业结构升级的视角看广东—东盟合作［J］. 特区经济，2009（10）.

［20］胡新天，王曦，万丹香，等. 广东—东盟优势产业的竞争性与互补性研究［J］. 南方经济，2010（11）.

［21］梁育民. 试论广州与东盟的城市合作［J］. 战略决策研究，2011（2）.

［22］谭钢，李小燕. 中国—东东盟科技合作与交流平台建设研究［J］. 中国高新技术企业，2010（24）.

［23］郑绘. 深化广西与东盟科技合作的思路及对策［J］. 企业科技与发展，2012（23）.

［24］赵光洲，缪姗姗. 云南与东盟科技合作重点领域模式战略选择［J］. 经济问题探索，2011（6）.

［25］王世豪. 广州建设国际科技合作交流中心功能定位分析［J］. 广东科技，2012（10）.

［26］林瑞东，邓卓文. 广州国际科技合作现状与发展的思考［J］. 广东科技，2005（8）.

［27］屠启宇. 国际城市发展报告（2013）［M］. 北京：社会科学文献出版社，2013.

［28］广州市地方志编纂委员会. 广州市志·卷十八华侨志［M］. 广州：广州出版社，1996.

［29］广州市人民政府侨务办公室编. 广州侨务与侨界人物［M］. 广州：广州出版社，2000.
［30］（英）S. 戈登·雷丁. 华人资本主义精神［M］. 谢婉莹，译. 上海：格致出版社，2009.
［31］陈杰. 先行一步：改革开放中的广州社会与华侨华人、港澳同胞［J］. 特区经济，2010（8）.
［32］麻国庆. 作为方法的华南：中心和周边的时空转换［J］. 思想战线，2006（4）.
［33］麻国庆. 文化、族群与社会：环南中国海区域研究发凡［J］. 民族研究，2012（2）.
［34］沈卫红. 侨乡模式与中国道路［M］. 北京：社会科学文献出版社，2009.
［35］翁淑贤. 省领导参加侨资企业交流会［N］. 广州日报，2013－11－30.
［36］吴洪芹. 从侨资企业看 FDI 在我国经济发展中的作用［J］. 中国外资，2007（8）.
［37］张应龙. 都市侨乡：侨乡研究新命题［J］. 华侨华人历史研究，2005（3）.
［38］《广州市人民政府关于我市侨务招才引智工作情况的报告》的审议意见，广州市十四届人大常委会公报（总第276期）.
［39］Kuhn, Philip A. Chinese *among Others*: *Emigration in Modern Times* ［M］. Lanham: Rowman & Littlefield Publishers, 2008.

后　　记

"丝绸之路"是中国与欧亚非国家进行商品贸易以及经济文化交往主要通道的代称。2013年，中国国家主席习近平在哈萨克斯坦纳扎尔巴耶夫大学发表演讲时，建议"用创新的合作模式，共同建设'丝绸之路经济带'"。随后，习近平主席在印度尼西亚国会讲话时，又提出中国—东盟命运共同体以及共建21世纪海上丝绸之路的战略构想。"一带一路"战略构想逐渐成形，党的十八届三中全会审议通过《中共中央关于全面深化改革若干重大问题的决定》提出，推进丝绸之路经济带、海上丝绸之路建设，形成全方位开放新格局。2015年3月，《推动共建丝绸之路经济带和21世纪海上丝绸之路的愿景与行动》的中文及外文多语种版本正式在博鳌亚洲论坛上发布，"一带一路"进入全面建设实施的新阶段。

21世纪海上丝绸之路是重要的国家战略，其贯彻与落实需要从中央到地方各层面的努力与实践。作为古代海上丝绸之路的发祥地和国家中心城市，广州在21世纪海上丝绸之路建设中责无旁贷地承担起重要责任，21世纪海上丝绸之路建设作为国家战略也为广州加快发展提供了战略机遇。

同时建设21世纪海上丝绸之路涉及政治、经济、文化等许多方面，广州在推进中要立足自身优势，结合国家战略需要，选择重点突破。作为广州市最具实力的综合性城市智库，广州市社会科学院深刻意识到21世纪海上丝绸之路建设与广州的紧密联系。广州必须把握机遇，充分发挥中心城市作用，成为贯彻21世纪海上丝绸之路战略的核心枢纽。为此，我们组织多个学科的专家学者，围绕广州参与21世纪海上丝绸建设主题，从总体战略、文化开放、"走出去"、科技合作、航运服务、华侨华人等方面展开深入研究，撰写了一批有重要参考价值的研究报告，获得了省市有关领导的肯定。在此基础上，我们又组织有关专家，完成了国内首部从中心城市角度研究建设21世纪海上丝绸之路的专著《21世纪海上丝绸之路与广州》。

本书是集体智慧的结晶，各章作者如下：

第一章：魏颖；

第二章：李雪琪、魏颖；

第三章：姚宜、杜家元、胡泓媛；

第四章：柳立子、伍庆、陶乃韩；

第五章：陈峰；

第六章：张赛飞、邓强、隆宏贤；

第七章：白国强、覃剑、葛志专；

第八章：陈杰。

广州参与21世纪海上丝绸之路建设涉及内容众多，也并不是一本书所能涵盖全面，目前我们选择了一些最重要、最能凸显广州特色的领域进行研究分析，还有很多值得进一步研究的领域，计划在后续工作中拓展，并争取出版系列丛书，以更加丰富的成果助推广州建设21世纪海上丝绸之路。

21世纪海上丝绸之路建设方兴未艾，我们的研究和探索还存在很多不足之处，恳请读者批评指正，共同推进这一伟大事业。

编　者

2015年9月